MP3 다운로드 방법

컴퓨터에서

- 네이버 블로그 주소란에 **www.lancom.co.kr** 입력 또는 네이버 블로그 검색창에 **랭컴**을 입력하신 후 다운로드

- **www.webhard.co.kr**에서 직접 다운로드
  아이디 : **lancombook**
  패스워드 : lancombook

스마트폰에서

콜롬북스 앱을 통해서 본문 전체가 녹음된
MP3 파일을 **무료**로 **다운로드**할 수 있습니다.

- 구글플레이 · 앱스토어에서 **콜롬북스 앱** 다운로드 및 설치
- 회원 가입 없이 원하는 도서명을 검색 후 **MP3 다운로드**
- 회원 가입 시 더 다양한 **콜롬북스** 서비스 이용 가능

여행자 필수 메모

성 명 Name	
생년월일 Date of Birth	
국 적 Nationality	
호 텔 Hotel	
여권번호 Passport No.	
비자번호 Visa No.	
항공기편명 Flight Name	
항공권번호 Air Ticket No.	
신용카드번호 Credit Card No.	
여행자수표번호 Traveler's Check No.	
출발지 Departed from	
목적지 Destination	

포켓북
왕초보 여행 영어회화

포켓북
왕초보 여행 영어회화

2019년 01월 05일 초판 1쇄 인쇄
2019년 01월 10일 초판 1쇄 발행

지은이 이서영
발행인 손건
편집기획 김상배, 장수경
마케팅 이언영
디자인 이성세
제작 최승용
인쇄 선경프린테크

발행처 _LanCom_ 랭컴
주소 서울시 영등포구 영신로38길 17
등록번호 제 312-2006-00060호
전화 02) 2636-0895
팩스 02) 2636-0896
홈페이지 www.lancom.co.kr

ⓒ 랭컴 2018
ISBN 979-11-89204-28-0 13740

나만 믿고 따라와 ~
만만하게 듣고 당당하게 말한다!

내손에
펼쳐진
포켓북

왕초보
여행
영어
회화

이서영 지음

LanCom
Language & Communication

단체로 해외여행을 가면 현지 사정에 밝은 가이드가 안내와 통역을 해주기 때문에 말이 통하지 않아 생기는 불편함은 그다지 크지 않을 수 있습니다. 하지만, 외국인을 직접 만나서 대화를 하거나 물건을 구입할 때 등의 경우에서는 회화가 절대적으로 필요하며 여행지에서의 자유로운 의사소통은 여행을 한층 즐겁고 보람차게 해줄 것입니다.

따라서, 이 책은 언어 때문에 부담스러운 여행이 아니라 즐거운 여행이 되도록 도착 공항에서부터 안전하게 귀국할 때까지 상황에 맞는 유용한 영어 회화표현만을 엄선하였습니다. 상대방의 이야기를 듣고 천천히 그리고 확실하게 자기가 하고 싶은 말을 할 수 있도록 하였으며, 실제로 해외로 여행을 떠날 때 이 책 한 권을 주머니에 넣고 출발하면 베스트 가이드가 될 것입니다.
이 책은 다음과 같은 특징으로 꾸며졌습니다.

❀ 휴대가 간편한 여행회화

여행지에서 간편하게 가지고 다니면서 그때그때 필요한 회화표현을 쉽게 찾아서 말할 수 있도록 한 손에 쏙 들어가는 사이즈로 만들었습니다.

❀ 간편하고 유용한 표현만을 엄선

영어를 잘 하지 못하는 사람들이 해외로 여행이나 출장 등을 떠날 때 현지에서 유용하게 쓸 수 있도록 여행에서 가장 많이

쓰이는 간편한 표현만을 엄선하였으며, 다양한 그림으로 상황을 묘사하였습니다.

✿ 여행 스케줄에 맞춘 순서 배열

해외로 여행을 떠나기 전에 반드시 익혀두어야 할 기본회화를 시작으로 여행 시 부딪치게 될 출국, 숙박, 외출, 관광, 식사, 방문, 쇼핑, 트러블에 이르는 9개의 주요 장면으로 구성하여 여행의 두려움을 없애도록 하였습니다.

✿ 찾아서 말하기 쉬운 맞쪽 편집

필요한 장면에 부딪치는 상황이 오면 즉석에서 찾아 바로 활용이 가능하도록 우리말을 먼저 두었으며, 보기 쉽도록 맞쪽으로 편집하였습니다.

✿ 왕초보자도 읽을 수 있도록 한글로 영어발음 표기

이 책은 영어회화를 제대로 구사하지 못해도 한글로 읽기 쉽게 우리말 밑에 크게 영어 발음을 달아두었기 때문에 또박또박 발음만 잘 한다면 현지인들도 충분히 알아들을 수 있습니다. 또한 무료로 제공하는 MP3 파일에는 원어민의 생생한 목소리가 담겨져 있어 보다 정확한 발음을 익힐 수 있습니다.

차례

Part **3** 숙박

Part **4** 외출

» 알파벳 문자 «

A a 에이	**B b** 비-	**C c** 씨-	**D d** 디-
E e 이-	**F f** 에프	**G g** 쥐-	**H h** 에이취
I i 아이	**J j** 줴이	**K k** 케이	**L l** 엘
M m 엠	**N n** 엔	**O o** 오우	**P p** 피-
Q q 큐-	**R r** 아알	**S s** 에쓰	**T t** 티-
U u 유-	**V v** 뷔-	**W w** 더블유	**X x** 엑스
Y y 와이	**Z z** 지-		

알파벳의 대문자와 소문자

위의 알파벳 문자표 왼쪽에 있는 ABCDEFGHIJKLMNOPQRSTUVWXYZ를 대문자라 하고,
오른쪽에 있는 abcdefghijklmnopqrstuvwxyz를 소문자라고 합니다.
원래는 대문자밖에 없었으나 쓰기 불편하고 문장의 구분을 위해서 소문자가 생겨났다고 합니다.

» 알파벳 소리 «

A 애	**B** 브	**C** 크	**D** 드
E 에	**F** 프	**G** 그	**H** 흐
I 이	**J** 즈	**K** 크	**L** 르
M 므	**N** 느	**O** 오	**P** 프
Q 크어	**R** 르	**S** 스	**T** 트
U 어	**V** 브	**W** 우어	**X** 크스
Y 이	**Z** 즈		

» 알파벳과 단어 읽는 법 «

ㄱ + ㅐ → 개

[기역 애] [개]

d + o + g → dog

[디 오 지] [독]

우리말에 '개'를 '기역, 애'라고 따로 떼어서 읽지 않듯이 영어에서도 dog을
'디, 오, 지'라고 읽지 않고 '독'이라고 읽습니다.
알파벳은 '소리'를 나타내는 문자입니다. 그러므로 '문자 그 자체'를 읽는
것이 아니라, 그 문자가 '단어의 일부 되었을 때 읽는 법'을 아는 것이 매우
중요합니다. 즉, 우리말에서 ㄱ, ㄴ, ㄷ, ㄹ... 등의 자음과 ㅏ, ㅑ, ㅓ, ㅕ, ㅗ, ㅛ...
등의 모음이 합쳐져 하나의 음절을 이루고, 그 음절이 모여 단어가 되듯이
영어도 위의 예처럼 마찬가지입니다.

🔊 모음

A a	E e	I i	O o	U u
map	**pen**	**sit**	**toy**	**cup**
[맵]	[펜]	[앁]	[토이]	[컵]
지도	펜	앉다	장난감	컵

B b	**b**oy [보이] 소년	C c	**c**at [캩] 고양이	D d	**d**uck [덕] 오리
F f	**f**ish [피쉬] 물고기	G g	**g**irl [거-ㄹ얼] 소녀	H h	**h**at [햍] 모자
J j	**j**elly [젤리] 젤리	K k	**k**ing [킹] 왕	L l	**l**ion [라이언] 사자
M m	**m**oney [머니] 돈	N n	**n**ame [네임] 이름	P p	**p**ig [피그] 돼지
Q q	**q**ueen [퀸-] 여왕	R r	**r**ock [락] 바위	S s	**s**un [썬] 태양
T t	**t**iger [타이거ㄹ] 호랑이	V v	**v**ase [베이스] 꽃병	W w	**w**indow [윈도우] 창문
X x	**b**o**x** [박스] 박스	Y y	**y**ellow [옐로우] 노랑	Z z	**z**oo [주-] 동물원

🔊 다음 알파벳은 위의 소릿값과 다르게 읽는 경우도 있습니다.

C c	**c**ity [씨티] 도시	G g	o**r**an**g**e [오린쥐] 오렌지	S s	ro**s**e [로-즈] 장미

Part 1

기본회화

01 일상적으로 만났을 때

안녕하세요. 톰.
Good morning, Tom.
굿모닝, 탐

안녕하세요. 제인.
Good morning, Jane.
굿모닝, 제인

동서양을 불문하고 인간관계에 있어 인사는 매우 중요한 예절이에요. 누구를 만나든 인사로 시작해서 인사로 끝나니까요. 하지만 외국인과 만나 자연스럽게 인사를 나누는 것은 그리 쉽지 않죠. 자신감을 가지려면 다양한 상황에서 쓸 수 있는 인사말을 익혀둬야 해요. 천리 길도 한 걸음부터! 한꺼번에 외우려고 애쓰지 말고 쉽고 가벼운 인사말부터 시작해요!

모르면 대략난감 **Best Expressions**

안녕하세요! (아침인사)

Good morning!

굿 모닝

안녕하세요! (낮인사)

Good afternoon!

굿 앱터눈

안녕하세요! (저녁인사)

Good evening!

굿 이브닝

안녕히 주무세요!

Good night!

굿 나잇

안녕하세요! / 안녕!

Hello! / Hi!

헬로우 / 하이

좋은 하루 되세요.

Have a nice day!

햅 어 나이스 데이

02 근황을 물을 때

안녕, 톰. 어떻게 지내세요?
Hi, Tom. How's it going?
하이, 톰. 하우즈 잇 고잉

아주 잘 지내요. 당신은요?
Pretty good. And you?
프리티 굿, 앤드 유

가장 무난하게 누구에게나, 아무 때나 쓸 수 있는 인사말은 How are you?(안녕하세요?)예요. 그 밖에도 근황을 묻는 인사말은 How로 시작하는 인사말과 What으로 시작하는 인사말로 나눌 수 있어요. How 인사말은 "어떻게 지내요?"라고 기분과 컨디션을 물어보는 것이고, What 인사말은 상대방의 근황을 좀 더 디테일하게 질문하는 거예요.

모르면 대략난감 Best Expressions

어떻게 지내셨어요?

How have you been?

하우 햅 유 빈

어떻게 지내세요?

How are you doing?

하우 알 유 두잉

요즘 어때요?

How's everything?

하우즈 애브리씽

뭐 새로운 소식 있어요?

What's new?

왓츠 뉴

별일 없어요?

What's going on?

왓츠 고잉 온

가족분들은 잘 지내시죠?

How's your family?

하우즈 유어 패멀리

03 처음 만났을 때

안녕하세요, 제인이에요.
Hi, I'm jane.
하이, 아임 제인

만나서 반가워요.
Nice to meet you.
나이스 투 밋츄

안녕하세요, 제인.
Hi, Jane.
하이, 제인,

만나서 기뻐요. 난 톰이에요.
A pleasure to meet you. I'm Tom.
어 플레져 투 미츄. 아임 탐

처음 만난 외국인과 인사하는 것은 사실 생각처럼 쉽지 않아요. 게다가 격식 있는 자리인지 가벼운 친구 소개인지, 상대가 남자인지 여자인지 어른인지 아이인지, 혼자 만나는지 여럿이 만나는지, 앞으로 오래 봐야 할 사람인지 그냥 지나치는 사람인지 상황도 엄청나게 다양하죠. 하지만 첫인사는 결국 다 비슷비슷해서 몇 가지만 알면 돼요.

만나서 반갑습니다.

I'm glad to meet you.

아임 글랫 투 밋츄

저 역시 만나서 반갑습니다.

Glad to meet you, too.

글랫 투 밋츄, 투

만나서 기뻐요.

Nice to meet you.

나이스 투 밋츄

만나서 반가워요.

Good to meet you.

굿 투 밋츄

만나서 기뻐요.

It's a pleasure to meet you.

잇처 프레줘 투 밋츄

말씀은 많이 들었습니다.

I've heard a lot about you.

아이브 허드 어 랏 어바웃 유

25

04 오랜만에 만났을 때

다시 만나서 반가워요.
It's nice to see you again!
잇츠 나이스 투 씨 유 어게인

저도요, 제인.
Same here, Jane.
쎄임 히어, 제인

오랜만이에요.
It's been ages.
잇츠 빈 에이쥐스

그동안 어떻게 지내셨어요?
How have you been?
하우 햅 유 빈

오랜만에 만났을 때 가장 일반적으로 쓰는 인사 표현은 It's been a long time.(오랜만입니다)입니다. 친구 사이에서는 Long time no see.(오랜만이야!)를 가장 많이 쓰죠. 이어지는 표현은 Time flies.(세월 참 빠르네요) / It's good to see you again.(다시 만나 반가워요) / You haven't changed at all.(하나도 안 변하셨어요) / I've missed you.(보고 싶었어요) 등이 있어요

오랜만이에요.

It's been a long time.

잇츠 빈 어 롱 타임

정말 오랜만이에요.

It's been so long.

잇츠 빈 쏘 롱

오랜만이야.

Long time no see.

롱 타임 노 씨

그동안 어떻게 지내셨어요?

How have you been?

하우 햅 유 빈

오랜만이네요, 그렇죠?

It's been a long time, hasn't it?

잇츠 빈 어 롱 타임, 해즌 잇

다시 만나니 반가워요.

I'm glad to see you again.

아임 글래드 투 씨 유 어게인

05 우연히 만났을 때

잘 지내죠, 존. 다시 만나 반가워요.
Just fine, John.
Good to see you again.
저슷 파인, 존. 굿 투 씨 유 어게인

아니 이게 누구야!
Look who's here!
룩 후즈 히어

잘 있었어, 제인?
How are you, Jane?
하우 아 유, 제인

어디서 우연히 아는 사람을 만나면 왠지 놀랍고 반가운 기분이 들죠? 그래서 약간 과장된 표현을 하게 됩니다. 가장 자주 쓰는 인사는 Look who's here!(이게 누구야!) / What brings you here?(여긴 어쩐 일이세요?) 등의 간단하고 경쾌한 표현이죠. 친하지 않은 사람이라면 I didn't expect to see you here.(여기서 만날 줄은 생각도 못했네요) 정도로 인사하면 무난해요.

모르면 대략난감 Best Expressions

웬일이니!

What a surprise!

와러 서프라이즈

이게 누구야!

Look who's here!

룩 후즈 히어

세상 정말 좁군요.

What a small world!

와러 스몰 월드

여긴 어쩐 일이세요?

What brings you here?

왓 브링스 유 히어

당신을 이런 곳에서 만나다니 대박!

Fancy meeting you here!

팬시 미팅 유 히어

(보고 싶던 참이었는데) 마침 잘 만났어요.

Just the person I wanted to see!

저슷 더 퍼슨 아이 원팃 투 씨

기본회화

외국

숙박

외출

관광

식사

방문

쇼핑

트러블

06 헤어질 때

잘 있어, 제인.
Good bye, Jane.
굿 바이, 제인

존에게 안부 전해줘.
Say hello to John.
쎄이 헬로우 투 존

그렇게. 딕에게도 내 안부 전해줘.
I will. Say hello to Dick, too.
아이 윌. 쎄이 헬로우 투 딕, 투

매일 만나는 사람, 오랜만에 만난 사람, 우연히 만난 사람, 멀리 여행을 떠나는 사람 등 헤어질 때 쓸 수 있는 인사말은 상황마다 아주 다양해요. 하지만 초보자들은 일단 어떤 상황이든 공통적으로 쓸 수 있는 기본표현부터 익히는 것이 중요해요. Good bye.(안녕히 가세요) / See you later.(나중에 봐요) 등의 쉽고 간단한 관용 표현들을 먼저 익혀 적절하게 활용해 보세요.

안녕히 가세요(계세요)!

Good Bye!

굿 바이

몸조심하세요.

Take care of yourself.

테익 케어롭 유어셀프

나중에 봐요.

See you later.

씨 유 레이더

또 봐요.

See you around.

씨 유 어라운드

곧 다시 만나요.

See you again soon.

씨 유 어게인 쑨

브라운에게 안부 전해 줘요.

Say hello to Brown.

쎄이 헬로우 투 브라운

---

07 고마울 때

도와주셔서 고맙습니다.
Thank you for helping me.
땡큐 풔 핼핑 미

천만에요.
You're welcome.
유어 웰컴

영어권 사람들은 thank you.를 거의 입에 달고 산다고 해도 과언이 아니에요. 꼭 그래서는 아니지만 아무튼 누군가에게 도움을 받았을 때는 반드시 인사를 해야 합니다. 감사 표현은 주로 Thank you (for) ~.나 I appreciate your ~. 패턴을 사용하는데 기본적으로 thank는 사람 또는 행위에 대해(뒤에 for를 붙여서) 모두 쓸 수 있고, appreciate는 행위에 대해서만 씁니다.

모르면 대략난감 **Best Expressions**

고마워요.

Thank you. / Thanks.

땡큐 / 땡스

너무 고마워요.

Thanks a lot.

땡스 어 랏

진심으로 감사드립니다.

I heartily thank you.

아이 하틀리 땡큐

와 주셔서 감사합니다.

Thank you for coming.

땡큐 풔 커밍

호의에 감사드립니다.

I appreciate your kindness.

아이 어프리쉬에잇 유어 카인드니스

도와주셔서 감사합니다.

Thank you for helping me.

땡큐 풔 핼핑 미

기본회화

출국

숙박

외출

관광

식사

방문

쇼핑

트러블

실수나 잘못에 대해 사과할 때는 일반적으로 I'm sorry.(미안합니다)나 Excuse me.(미안합니다/실례합니다)라는 표현을 사용하고, 보통 That's all right.(괜찮습니다) 정도로 대답합니다. Excuse me.는 거의 Thank you. 만큼이나 자주 쓰지만 I'm sorry.는 아주 신중하게 사용해요. 그냥 가벼운 사과가 아니라 모든 책임을 인정한다는 사죄의 의미가 들어있기 때문이죠.

정말 죄송해요.

I'm very sorry.

아임 베리 쏘리

미안해요, 괜찮으세요?

Sorry, are you all right?

쏘리, 알 유 올 롸잇

사과드립니다.

I apologize to you.

아이 어팔러좌이즈 투 유

용서해 주십시오.

Please forgive me.

플리즈 풔깁 미

늦어서 미안해요.

I'm sorry for being late.

아임 쏘리 풔 빙 레잇

제가 한 말에 대해 사죄드립니다.

I apologize for what I said.

아이 어팔러좌이즈 풔 워라이 셋

---

09 축하할 때

행복해. 방금 내가 시험에 합격했다고 들었어.
I am happy. I just heard I passed my exam.
아이 엠 해피. 아이 저슷 허드 아이 패스트 마이 이그젬

축하해!
Congratulations!
컹그래춰레이션스

Congratulations!는 노력해서 목적을 성취했거나 경쟁에서 승리했을 때 축하하는 표현입니다. 일반적으로 입학, 졸업, 취업 또는 무슨 대회에서 상을 타거나 합격했을 때 쓰는 축하 표현이죠. 그래서 원래는 결혼식에서 신랑 신부에게 쓸 수 있는 축하 표현이 아니지만 워낙 대표적인 축하 표현이다 보니 요즘은 그냥 두루두루 많이 쓰는 것 같아요. 끝에 –s 붙이는 거 잊지 마세요!

축하합니다!

Congratulations!

컹그래춰레이션스

생일 축하해요.

Happy birthday to you!

해피 버쓰데이 투 유

결혼을 축하해요.

Congratulations on your wedding!

컹그래춰레이션스 온 유어 웨딩

성공을 축하드립니다.

Congratulations on your success.

컹그래춰레이션스 온 유어 썩세스

우리의 승리를 자축합시다.

Let's celebrate our victory!

렛츠 샐러브레잇 아워 빅터리

늦었지만 생일 축하해요.

It's late, but happy birthday!

잇츠 레잇, 벗 해피 버쓰데이

10 환영할 때

제인 화이트입니다. 신입사원이에요.
I'm Jane White.
I'm the new recruit here.
아임 제인 화잇. 아임 더 뉴 리쿠룻 히어

안녕하세요, 제인. 입사를 환영합니다.
Hi, Jane. Welcome aboard!
하이, 제인. 웰컴 어보드

저는 폴 브라운이에요.
I'm Paul Brown.
아임 폴 브라운

누군가를 환영할 때 가장 많이 쓰는 표현은 Welcome!이죠. 언제 어디서나 쓸 수 있는 가장 쉽고 간단하고 무난한 표현이에요. 상황에 따라 Welcome to my home.(어서 오세요) / Welcome to Korea.(한국에 오신 것을 환영해요) Welcome aboard.(입사를 축하해요) / Glad to have you with us.(같이 일하게 되어 반가워요) 등으로 기쁘게 환영하는 마음을 표현해 주세요.

환영합니다!
Welcome!
웰컴

돌아오신 걸 환영합니다.
Welcome back.
웰컴 백

입사를 환영합니다.
Welcome aboard.
웰컴 어보드

한국에 오신 것을 환영합니다.
Welcome to Korea.
웰컴 투 코리아

아무 때나 오세요.
You are welcome at any time.
유 아 웰컴 앳 애니 타임

진심으로 환영합니다.
I welcome you with my whole heart.
아이 웰컴 유 위드 마이 호울 하트

---

11 사람을 부를 때

저기요, 아주머니.
Excuse me, ma'am.
익스큐즈 미, 맴

이거 떨어뜨리신 것 같아요.
I think you dropped this.
아이 씽크 유 드랍트 디스

어머, 고마워요.
Oh, thanks a lot.
오, 땡스 어 랏

미국인은 친구, 동료는 물론, 손윗사람이나 직장 상사를 부를 때도 이름을 부르는 것이 일반화되어 있고, 또 이름을 불러주는 것을 좋아합니다. 우리 문화에서는 정말 어색한 일이지만 로마에 가면 로마법을 따라야 하는 법이죠. 말을 걸거나 부를 때는 Hello! / Hi! / Hey! / Excuse me. 등을 흔히 쓰는데 Hey!는 반말처럼 들릴 수도 있으니 조심하세요!

여보세요.

Hello. / Hi.

헬로우 / 하이

이봐, 자네!

Hey, you!

헤이, 유

저기요.

Waiter! / Waitress!

웨이러 / 웨잇트리스

저(잠깐만요).

Listen. / Look here.

리슨 / 룩 히어

저, 여보세요? (남자일 경우)

Excuse me, sir?

익스큐즈 미, 써ㄹ

저, 여보세요? (여자일 경우)

Excuse me, ma'am?

익스큐즈 미, 맴

---

12 되물을 때

어디에 간다고?
Going where?
고잉 웨어

다음 주에 뉴욕에 갈 거야.
I'm going to New York next week.
아임 고잉 투 뉴욕 넥스트 윅

외국어로 대화를 나누는 것은 절대로 쉬운 일이 아니죠. 그러니 영어를 제대로 이해하기 위해서라도 상대의 말이 빠르거나 알아들을 수 없는 말이 나오면 그냥 넘어가지 말고 확실하게 되묻는 습관을 길러야 해요. 당장은 창피할지 몰라도 그래야 영어가 늘거든요. 이때 주로 사용하는 표현이 Beg your pardon?이에요. 줄여서 간단하게 Pardon?이라고도 합니다.

모르면 대략난감 **Best Expressions**

뭐라고요?

Excuse me?

익스큐즈 미

뭐라고?

What?

왓

다시 말씀해 주시겠어요?

Beg your pardon?

백 유어 파든

다시 한 번 말씀해 주십시오.

Please say that again.

플리즈 세이 댓 어게인

뭐라고 했지?

You said what?

유 세드 왓

방금 뭐라고 말씀하셨죠?

What did you say just now?

왓 디드 유 세이 저슷 나우

43

13 질문할 때

질문 하나 해도 될까요?
May I ask you a question?
메이 아이 애스크 유 어 퀘스천

물론이죠.
Sure.
슈어

친구 사이에서는 다짜고짜 질문을 던져도 상관없겠지만 일반적인 상황에서는 질문해도 되는지 먼저 물어봐야 해요. 교실에서 질문할 때 손을 드는 것처럼요. I have a question (for you.)(물어볼 게 있어요) / May I ask you a question?(질문해도 될까요?)라고 먼저 묻고 나서 상대방이 그러라고 하면 그때 본격적으로 질문하는 것이 질문할 때의 예절입니다.

모르면 대략난감 Best Expressions

질문 있습니다.

I have a question.

아이 햅 어 퀘스쳔

질문 하나 해도 될까요?

May I ask you a question?

메이 아이 애스크 유 어 퀘스쳔

누구한테 물어봐야 되죠?

Who should I ask?

후 슈드 아이 애스크

질문 있습니까?

Do you have any question?

두 유 햅 애니 퀘스쳔

다른 질문 있으세요?

Are there any other questions?

아 데어 애니 아덜 퀘스쳔즈

이것을 영어로 뭐라고 하죠?

What's this called in English?

왓츠 디스 콜드 인 잉글리쉬

14 부탁할 때

부탁 하나 해도 될까요?
May I ask you a favor?
메이 아이 애스크 유 어 페이버

물론이죠. 뭔데요?
Sure. What is it?
슈얼, 왓 이즈 잇

뭔가를 부탁하거나 도움을 요청할 때 'Please + 명령문' 패턴을 사용하면 간단하고 무난한 부탁의 표현이 됩니다. 특별히 공손하고 정중하게 부탁해야 할 상황이라면 우리말의 존댓말과 같은 효과를 갖는 Could you ~? / Would you ~? (~해주시겠어요?) 패턴을 사용하세요. 친구 사이에서는 가볍게 Will you ~?(~해줄래?)라고 하면 됩니다.

부탁 하나 해도 될까요?

May I ask you a favor?

메이 아이 애스크 유 어 페이버

제 부탁 좀 들어주시겠어요?

Would you do me a favor?

우쥬 두 미 어 페이버

부탁이 있어요.

I need a favor.

아이 니드 어 페이버

조용히 좀 해주시겠어요?

Would you please be quiet?

우쥬 플리즈 비 콰이엇

당신과 얘기 좀 해도 될까요?

May I have a word with you?

메이 아이 햅 어 워드 위드 유

문 좀 열어주시겠어요?

Would you please open the door?

우쥬 플리즈 오픈 더 도어

15 제안하거나 권유할 때

오늘밤 외식하러 갈까요?
Let's eat out tonight, shall we?
렛츠 잇 아웃 투나잇, 쉘 위

아, 좋지요.
Oh, I'd love to.
오, 아이드 러브 투

상대방에게 뭔가를 제안하거나 권유하는 표현은 아주 다양해요. Let's + 동사원형~. 패턴은 '~합시다'라고 적극적인 동참을 권할 때 쓰고, Why don't you ~?나 How about ~? 패턴은 '~하는 게 어때요?'라고 상대방의 생각을 물어볼 때 씁니다. 권유를 받았을 때는 Thank you for asking me.(권해줘서 고마워요)라고 받아들이거나 I'm sorry.(안 되겠어요)라고 거절합니다.

모르면 대략난감 **Best Expressions**

커피 한 잔 드시겠어요?

Would you like a cup of coffee?

우쥬 라익 어 컵 어브 커피

걸어갑시다.

Let's walk.

렛츠 웍

우리 그 문제는 곰곰이 생각해 보기로 해요.

I suggest we sleep on it.

아이 서제스트 위 슬립 온 잇

산책하러 가는 게 어때요?

How about going for a walk?

하우 어바웃 고잉 풔 어 웍

저희와 합석하시겠어요?

Would you join us?

우쥬 조인 어스

그에게 얘기하지 그래요?

Why don't you tell him?

와이 돈츄 텔 힘

기본회화

국

숙박

외출

관광

식사

방문

쇼핑

트러블

49

16 허락을 요청할 때

이걸 가져가도 될까요?
May I take this?
메이 아이 테익 디스

예, 물론이죠.
Yes, of course.
예스, 어브 코스

상대방에게 뭔가에 대해서 허락해 달라고 요청할 때 기본적으로 쓰이는 패턴은 Can I ~? / May I ~?(~해도 될까요?)입니다. 더 정중하게 요청하고 싶다면 Would[Do] you mind ~?(~해도 되겠습니까?) 구문을 쓰면 되죠. 이때 주의할 것은 대답할 때 부정의문문처럼 해야 한다는 거예요. 왜냐하면 mind에 '꺼리다, 싫어하다'라는 부정적인 의미가 들어 있기 때문이에요.

여기 앉아도 될까요?

May I sit here?

메이 아이 씻 히어

이거 가져도 돼요?

May I take this?

메이 아이 테익 디스

들어가도 될까요?

May I come in?

메이 아이 컴 인

먼저 일어나도 될까요?

May I be excused?

메이 아이 비 익스큐즈드

(괜찮다면) 당신 컴퓨터를 사용해도 될까요?

May I use your computer?

메이 아이 유즈 유어 컴퓨터

얘기를 계속해도 될까요?

May I go on?

메이 아이 고 온

☞ 여행에 도움이 되는 짧은 표현

먼저 하세요.	**After you.** 애프터 유
위험해!	**Watch out!** 왓치 아웃
준비 되었나요?	**Are you ready?** 아 유 레디
믿을 수 없어!	**Unbelievable.** 언빌리버블
자, 하세요.	**Go ahead.** 고 어헤드
그럴지도 몰라요.	**Maybe.** 메이비
글쎄요.	**Let me see.** 렛 미 씨
물론입니다!	**Of course!** 어브 코스
괜찮습니다.	**No problem.** 노 프라블럼
정말로?	**Really?** 리얼리
무슨 일이죠?	**What's the matter?** 왓츠 더 매더
과연.	**I see.** 아이 씨
그것은 사정 나름이에요.	**It depends.** 잇 디펜드스
잘 지내요	**Take care.** 테익 케어
절대로 그런 일은 없어요!	**Never!** 네버

Part 2

출국

01 기내에서

에어컨
air-conditioner
에어 컨디셔너

선반
rack
랙

조명
light
라이트

창문
window
윈도우

좌석
seat
씨트

스튜어디스,
stewardess
스튜어더스

구명동의
life jacket
라이프 재킷

통로
aisle
아일

▷ 표시

FASTEN SEAT BELT
안전벨트 착용
NO SMOKING 금연
EMERGENCY EXIT 비상구

스튜어디스를 부를 때는
"Excuse me"
또는 Miss라고 합시다.

비행기를 처음 타거나 배정된 좌석을 찾기 힘들 땐 항공사 스튜어디스에게 도움을 청하면 되요. 외국 비행기에 탑승했을 경우라도 좌석권을 스튜어디스에게 보여 주면 알아듣는답니다. aisle(통로), captain(기장), cockpit(조종실/석), life vest(구명조끼), nonsmoking section(금연구역), overhead rack(기내의 짐 넣는 선반), rest room(화장실) 정도는 알아두세요.

모르면 대략난감 **Best Expressions**

여기는 제 자리인데요.

This is my seat.

디스 이즈 마이 씻

자리를 바꿔도 될까요?

Can I change my seat?

캔 아이 체인지 마이 씻

짐을 위로 올려 주세요.

Please put this bag up there.

플리즈 풋 디스 백 업 데어

입국신고서 한 장만 더 주세요.

Can I get another landing card?

캔 아이 겟 어나더 랜딩 카드

여기에 뭘 써야 하나요?

What should I write here?

왓 슛 아이 라잇 히어

좀 지나가도 될까요?

Excuse me, can I get through?

익스큐즈 미, 캔 아이 겟 쓰루

---

02 기내식사

_____을 주세요.
_____, Please.
플리스

콜라
coke
코우크

맥주
a beer
어 비어

오렌지주스
orange juice
어렌지 쥬스

홍차
tea
티

커피
coffee
커피

신문
a newspaper
어 뉴스페이퍼

모포
a blanket
어 블랭킷

베개
a pillow
어 필로우

(한국의) 잡지
a (Korean) Magazine
어 (코리언) 매거진

기내식은 In-flight meal이라고 해요. 간단한 주문 표현을 익혀서 맛있는 기내식을 먹어봅시다. A glass of milk, please.(우유 주세요) / Beef, please.(쇠고기 요리 주세요) / I'd like some coffee, please.(커피 한잔 주세요) / I pre-ordered a child (kid) meal.(어린이 메뉴를 미리 주문했어요) / Can I change my meal?(식사를 바꿔도 되나요?)

모르면 대략난감 **Best Expressions**

맥주 있어요?

Do you have beer?

두 유 햅 비어

콜라 주세요.

Coke, please.

코욱, 플리즈

식사 시간에 깨워주세요.

Wake me up at mealtime.

웨익 미 업 앳 밀타임

고추장 있어요?

Do you have red pepper paste?

두 유 햅 레드 페퍼 페이슷

물 좀 주세요.

Can you get me some water?

캔 유 겟 미 썸 워러

저녁은 언제 나와요?

When will dinner be served?

웬 윌 디너 비 서브드

연결편을 놓쳤는데, 어떻게 해야 되죠?
**I missed my connecting flight.
What should I do?**
아이 미스트 마이 커넥팅 플라잇. 왓 슛 아 두

다음 비행기를 잡아 드리겠습니다.
We'll put you on the next flight.
위일 풋 유 온 더 넥스트 플라잇

목적지까지 직접 가는 비행기가 없을 땐 비행기를 갈아탈 수밖에 없어요. 낯선 나라에서 비행기를 갈아타는 일이 쉽지는 않을 거라고 대개는 잔뜩 긴장하게 되죠. transit(환승), transfer(갈아타다), transfer pass(통과 카드), boarding gate(탑승구), check in(탑승 수속), boarding time(탑승 시간) 등의 기본 용어들을 익혀두면 안내판을 이해할 수 있어요.

이 공항에 어느 정도 머무나요?

How long will we stop here?

하우 롱 윌 위 스탑 히어

얼마나 머무나요?

How long is the stopover?

하우 롱 이즈 더 스탑오버

얼마나 기다려야 해요?

How long should I wait?

하우 롱 슛 아이 웨잇

어디서 갈아타죠?

Where can I transfer?

웨어 캔 아이 트랜스풔

환승 카운터는 어디 있어요?

Where is the transfer counter?

웨어 이즈 더 트랜스풔 카운터

수속을 다시 밟아야 하나요?

Do I have to check in again?

두 아이 햅 투 체킨 어겐

---

04 입국심사

여행 목적은 무엇입니까?
What's the purpose of your visit?
왓츠 더 퍼포즈 어브 유어 비짓

관광입니다
Sightseeing.
싸잇싱

한국으로 돌아가는 표는 갖고 계십니까?
Do you have a return ticket to Korea?
두 유 햅 어 리턴 티킷 투 코리아

네, 갖고 있습니다.
Yes, I do.
에스, 아이 두

좋은 여행 되세요.
Have a nice stay.
햅 어 나이스 스테이

감사합니다.
Thank you.
땡큐

목적지 공항에 도착하면 안내판을 읽으면서 따라가요. 먼저 ARRIVAL, TO THE CITY 또는 ENTRY 등의 표시를 거쳐서 Immigration 또는 Passport Control을 향해서 가면 마침내 입국심사 카운터에 도착하게 되죠. 기내에서 작성한 입국카드와 여권을 심사관에게 보여주고 질문하는 대로 대답해요. 질문과 응답은 대개 정해져 있으므로 성실하게 대답하면 됩니다.

여권 좀 보여 주시겠습니까?

May I see your passport, please?

메이 아이 씨 유어 패스폿, 플리즈

여행 목적은 무엇입니까?

What's the purpose of your visit?

왓츠 더 퍼포즈 어브 유어 비짓

어느 정도 머무십니까?

How long are you going to stay?

하우 롱 아 유 고잉 투 스테이

어디에 머무십니까?

Where are you going to stay?

웨어라 유 고잉 투 스테이

최종 목적지는 어디입니까?

What's your final destination?

왓츠 유어 파이널 데스터네이션

단체 여행을 하시는 건가요?

Are you traveling in a group?

아 유 트래벌링 인 어 그룹

수화물 보관증을 보여 주십시오
Let me see your claim tag.
렛 미 씨 유어 클램 택

여기 있습니다.
Here it is.
히어 잇 이즈

입국심사를 마치고 나면 자신의 짐을 찾아야 해요. 짐 찾는 곳은 baggage claim area라고 해요, 안내표지를 따라가는 것도 지친다 싶으면 물어봐야죠. Excuse me, where is the baggage claim area?(실례지만 짐 찾는 데가 어디죠?) 그냥 쉽게 Where can I pick up my luggage?(가방을 어디서 찾아야 하죠?)라고 물어도 되요.

수화물은 어디서 찾나요?

Where can I get my baggage?

웨어 캔 아이 겟 마이 배기쥐

제 짐이 보이지 않아요.

I can't find my baggage.

아이 캔ㅌ 퐈인드 마이 배기쥐

제 여행가방이 여기에 없어요.

My suitcase is not here.

마이 슈트케이스 이즈 낫 히어

제 짐 좀 찾아주시겠어요?

Could you help me to find my baggage?

쿠쥬 핼프 미 투 퐈인드 마이 배기쥐

짐 특징을 알려 주시겠어요?

Can you describe your baggage?

캔 유 디스크라입 유어 배기쥐

제 짐이 파손되었어요.

My baggage was damaged.

마이 배기쥐 워즈 데미쥐드

---

06 세관을 통과할 때

가방을 열어주세요.
Open your bag, please.
오픈 유어 백, 플리즈

이것은 _____ 입니다. (세관원에게)
This is _____.
디스 이즈

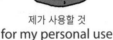

제가 사용할 것
for my personal use
풔 마이 퍼스널 유즈

친구에게 줄 선물
a gift for my friends
어 깁트 풔 마이 프렌즈

라면
instant noodle
인스턴트 누들

김치
Kimchi
킴치

공항 세관을 통과할 때 필요한 영어 표현들은 특히 잘 알아둬야 해요. 질문은 대체로 정해져 있으니까 필수적인 질문과 대답을 미리 알아두면 크게 어려울 건 없죠. I have only personal effects.(개인용품뿐입니다) / Store this baggage in bond, please.(이 짐들은 보세 창고에 맡겨 주세요)에서 effect는 복수로 '물품'이고, bond는 '보세 창고'의 뜻을 갖습니다.

모르면 대략난감 **Best Expressions**

특별히 신고하실 것이 있습니까?

Do you have anything to declare?

두 유 햅 애니씽 투 디클레어

가방을 열어 주십시오.

Open your bag, please.

오픈 유어 백, 플리즈

이 가방에 무엇이 들어 있습니까?

What do you have in this bag?

왓 두 유 햅 인 디스 백

그건 제 친구에게 줄 선물입니다.

It's a gift for my friend.

잇츠 어 깁트 풔 마이 프렌드

다른 짐은 없습니까?

Do you have any other baggage?

두 유 햅 애니 아더 배기쥐

좋습니다. 가셔도 됩니다.

All right. You may go now.

올 롸잇. 유 메이 고 나우

07 공항에서 환전을 할 때

환전은 어디서 하나요?
Where can I exchange money?
웨어 캔 아이 익스체인쥐 머니

환전소
exchange
익스체인쥐

'환전'이라고 표시된 곳으로 가세요.
Go to "Currency Exchange."
고 투 "커런시 익스체인쥐"

해외여행을 가면 반드시 해야 하는 것이 바로 환전입니다. 환전은 exchange, 환율은 exchange rate예요. 우리나라처럼 신용카드로 다 해결되지 않는 곳이 의외로 꽤 많거든요. 부피가 좀 많더라도 잔돈으로 바꿔둬야 쓰기 좋아요. Could you break this?(잔돈으로 바꿔주시겠어요?) / Please give me small changes. (잔돈으로 주세요)

환전소는 어디에 있나요?

Where's the money change?

웨어즈 더 머니 체인쥐

환전 좀 해 주세요.

Exchange, please.

익스체인쥐, 플리즈

이걸 달러로 바꿔 주세요.

Can you change this into dollars?

캔 유 체인쥐 디스 인투 달러즈

환율은 어떻게 되죠?

What's the rate of exchange?

왓츠 더 래잇 어브 익스체인쥐

이 여행자수표를 현금으로 바꾸고 싶은데요.

I'd like to cash these traveler's checks.

아이드 라익 투 캐쉬 디즈 트레벌러즈 첵스

(지폐를 건네며) 이걸 잔돈으로 바꿔 주시겠어요?

May I have some change?

메이 아이 햅 썸 체인쥐

---

08 공항안내소에서

_____은 어딘가요?
Where is the _____?
웨어리즈 더

화장실
rest room
레스트 룸

안내
information
인풔메이션

렌터카
lent a car
렌터 카

리무진 타는 곳
limousine stand
리무진 스탠드

택시 타는 곳
taxi stand
택시 스탠드

Tourist Information 등으로 표시된 공항 로비의 안내소에는 관광객들의 편의를 위한 무료 지도, 관광 안내 팸플릿, 호텔 안내 팸플릿 등의 다양한 정보 상품이 준비되어 있습니다. 시내의 교통수단, 호텔이 위치한 장소나 택시 요금 등 필요한 정보를 모으도록 합시다. 대형 공항에는 호텔 예약, 렌터카 등의 별도의 부스가 있는 경우도 있어요.

모르면 대략난감 **Best Expressions**

관광안내소는 어디에 있나요?

Where's the tourist information center?

웨어즈 더 투어리슷 인풔메이션 센터

실례합니다. 시내지도 한 장 얻고 싶은데요.

Excuse me. I'd like to get a city map, please.

익스큐즈 미. 아이드 라익 투 게러 시티 맵, 플리즈

시내로 들어가는 공항버스는 있나요?

Is there an airport bus to the city?

이즈 데어런 에어폿 버스 투 더 시티

시내까지 택시비는 얼마 정도입니까?

How much does it cost to the city center by taxi?

하우 머치 더즈 잇 코슷 투 더 시티 센터 바이 택시

여기서 호텔 예약을 할 수 있나요?

Can I reserve a hotel here?

캔 아이 리저브 어 호텔 히어

시내 호텔을 예약해 주시겠어요?

Could you reserve a hotel in the city?

쿠쥬 리저브 어 호텔 인 더 시티

기본

출국

숙박

외출

관광

식사

방문

쇼핑

트러블

69

09 시내로 이동

짐을 버스정류소까지 옮겨 주세요.
Could you take my baggage to the bus stop, please.
쿠쥬 테익 마이 배기쥐 투 더 버스탑, 플리즈

_____ 로 가 주세요.
_____ , please.
플리즈

얼마입니까?
How much is it?
하우 머치 이즈 잇

잔돈은 됐습니다. 고마워요.
Keep the change, thank you.
킵 더 체인쥐, 땡큐

공항의 포터에게 지불하는 것은 팁이 아니라 포터 요금으로 정해진 규정 요금입니다. 괜찮다면 다소 팁을 주는 것도 좋겠습니다.
시내와 공항을 직접 연결하는 전용 버스 이외에 지하철, 버스, 택시 등의 교통수단이 있습니다.

모르면 대략난감 **Best Expressions**

이 짐을 버스정류소까지 옮겨 주세요.

Please take this baggage to the bus stop.

플리즈 테익 디스 배기쥐 투 더 버스탑

카트는 어디에 있습니까?

Where are the baggage carts?

웨어라 더 배기쥐 카츠

어디서 택시를 탑니까?

Where can I get a taxi?

웨어 캔 아이 게러 택시

짐을 트렁크에 넣어 주세요.

Please put my baggage in the trunk.

플리즈 풋 마이 배기쥐 인 더 트렁크

시내로 가는 버스는 있습니까?

Is there a bus going downtown?

이즈 데어러 버스 고잉 다운타운

매표소는 어디입니까?

Where is the ticket office?

웨어리즈 더 티킷 오피스

10 귀국 비행기 예약

비행기 예약재확인을 하고 싶은데요.
I'd like to reconfirm my flight.
아이드 라익 투 리컨펌 마이 플라잇

5월 5일 234편 로스앤젤레스 행입니다.
My flight is on May 5, flight 234 to L.A.
마이 플라잇 이즈 온 메이 파이브, 플라잇 투 쓰리 풔 투 엘에이

두 명입니다.
For two.
풔 투

이름은 _____ 입니다.
My name is _____.
마이 네임 이즈

예약은 확인되었습니다.
Your flight is confirmed.
유어 플라잇 이즈 컨펌드

요즘은 비행기 예약도 주로 인터넷으로 하니까 굳이 비행기 예약 표현을 배우지 않아도 될지도 모르지만 기본 표현은 알아두는 게 좋아요. I'd like to book a flight to New York.(뉴욕 행 비행기를 예약하고 싶어요) / Economy, please.(일반석으로 주세요) / I would like a window seat.(창문 쪽으로 주세요) / How much is the fare?(요금은 얼마예요?)

뉴욕 행 비행기를 예약하고 싶은데요.

I'd like to book a flight to New York.

아이드 라익 투 북 어 플라잇 투 뉴욕

예약을 확인하고 싶은데요.

I'd like to confirm my reservation.

아이드 라익 투 컨펌 마이 레저베이션

요금이 얼마죠?

How much is the fare?

하우 머치 이즈 더 페어

더 저렴한 티켓은 있나요?

Is there a cheaper ticket?

이즈 데어러 취퍼 티킷

남은 좌석 있나요?

Are there seats available?

아 데어 씻츠 어베이러블

직항 있나요?

Is there a non-stop flight?

이즈 데어러 난-스탑 플라잇

---

11 탑승 수속

_____는 어디입니까?
Where is the _____?
웨어리즈 더(디)

아시아나항공 카운터
Asiana Airline counter
애이쥐애너 에어라인즈 카운터

대한항공 카운터
Korean Air counter
코리언 에어 카운터

탑승구
boarding gate
보딩 게이트

출발로비
departure lobby
디파춰 라비

탑승권을 보여 주십시오.
May I have your ticket?
메이 아이 햅 유어 티킷

네, 여기 있습니다.
Yes, here it is.
예스, 히어 잇 이즈

💬

보통 국제선은 출발시간 2시간 전에 출국수속을 시작해요. 주말에는 항상 공항이 붐비고 수속도 늦어지니까 미리 공항에 가 있는 게 좋아요. 비행기의 좌석배정은 비행기 티켓을 좌석권으로 바꿀 때 정해지기 때문에 탑승 수속을 일찍 할수록 좋은 자리에 앉을 확률도 높아지죠. 귀중품은 세관을 통과할 때 꼭 신고하고 기내에는 간단한 휴대용 가방만 갖고 들어가요.

모르면 대략난감 **Best Expressions**

대한항공 탑승 수속 창구가 어디 있어요?

Where is the Korean Air check-in counter?

웨어리즈 더 코리언 에어 체킨 카운터

언제 탑승해요?

When do we board?

웬 두 위 보드

10번 게이트가 어디예요?

Where is Gate 10?

웨어리즈 게잇 텐

여기서 체크인하나요?

Can I check-in here?

캔 아이 체킨 히어

이 게이트로 어떻게 가죠?

How do I get to this gate?

하우 두 아이 겟 투 디스 게잇

이걸 기내에 가지고 들어갈 수 있어요?

Can I carry this in the cabin?

캔 아이 캐리 디스 인 더 캐빈

기본

출국

숙박

외출

관광

식사

방문

쇼핑

트러블

👉 공항에서 볼 수 있는 게시판

DEPARTURE GATE	출발입구
ARRIVAL GATE	도착입구
BOARDING GATE	탑승입구
NOW BOARDING	탑승수속 중
ON TIME	정각에
DELAYED	지연
CONNECTING FLIGHT	환승 비행기
STAND BY	공석 대기
EXCHANGE/ MONEY EXCHANGE	환전소
DOMESTIC	국내선

Part 3

숙박

01 호텔 예약

어떤 방을 원하시죠?
What type of room would you like?
왓 타입 어브 룸 우쥬 라익

_____ 으로 주세요.
_____ please.
플리즈

_____ 으로 주세요.
I'd like _____.
아이드 라익

싱글 룸
single room
싱글 룸

트윈 룸
twin room
트윈 룸

더블 룸
double room
더블룸

욕실 딸린 방
a room with a bath
어 룸 위드 어 배쓰

샤워 딸린 방
a room with a shower
어 룸 위드 어 샤우어

여행을 떠나기 전에 호텔 예약은 필수예요. 시즌이 아니라도 현지에서 호텔을 찾으려면 그만큼 귀한 시간을 낭비하게 되니까요. 예약을 했다고 해도 반드시 제시간에 체크인해야 해요. 특히 시즌 중에는 해약할 경우를 생각해서 여분으로 예약을 받아두는 경우가 꽤 많기 때문에 연락도 없이 늦게 도착해서 체크인하려고 하면 이미 예약이 취소되어 낭패를 볼 수 있어요.

오늘 밤 호텔을 예약하고 싶은데요.

I'd like to reserve a hotel room for tonight.

아이드 라익 투 리저브 어 호텔 룸 풔 투나잇

얼마나 머무실 겁니까?

How long will you be staying?

하우 롱 윌 유 비 스테잉

1박에 얼마인가요?

How much for a night?

하우 머치 풔러 나잇

아침식사는 포함된 건가요?

Is breakfast included?

이즈 브랙퍼슷 인클루디드

예약을 취소하고 싶은데요.

I'd like to cancel my reservation.

아이드 라익 투 캔슬 마이 레저베이션

예약을 변경하고 싶은데요.

I'd like to change my reservation.

아이드 라익 투 체인쥐 마이 레저베이션

---

02 호텔 체크인

▷ 호텔의 스텝

cashier
캐쉬어
출납원
요금 정산 및 금고 관리

registration
레지스트레이션
숙박등록
체크인과 체크아웃

reception
리셉션
접수처
프런트, 룸키와 메시지 취급

information
인풔메이션
안내
식당이나 여행 등의 안내와 예약 및 상담

doorman
도어맨
도어맨
제복을 입고 현관에서 투숙객을 맞이하고 보냄

porter
포터
포터
차에서 프런트까지 짐 운반

bellman
벨맨
벨맨
고객을 동반하여 객실을 왕래하는 사람

bell captain
벨 캡틴
벨캡틴
벨보이, 도어맨, 포터를 감독하는 사람

valet parking
밸럿 파킹
발레파킹
대리 주차

room maid
룸 메이드
룸메이드
객실을 정리정돈하는 객실정비원

호텔의 체크인 시각은 보통 오후 2시부터예요. 호텔 도착 시간이 예정보다 늦어질 때는 예약이 취소되는 경우도 있으니까 미리 호텔에 전화해서 도착시간을 알려두는 것이 좋아요. 해외여행을 하다 보면 비행기 연착이니 뭐니 해서 시간을 맞추지 못하는 경우가 많이 발생하니까요. 체크인할 때는 방의 형태, 설비, 요금, 체재 예정 등을 꼭 확인하세요.

예약을 한 김진호입니다.
I have a reservation. My name is Jinho Kim.
아이 햅 어 레저베이션. 마이 네임 이즈 진호 킴

3박 합니다.
I will stay three nights.
아이 윌 스테이 쓰리 나잇츠

전망이 좋은 방으로 부탁합니다.
I'd like a room with a nice view.
아이드 라익 어 룸 윗 어 나이스 뷰

숙박카드

HILL HOTEL
GUEST REGISTRATION

성명	**Full name** Last	First	Middle
자택주소 전화번호	Home Address:	Tel:	
여권번호 국적, 나이	Passport No:	Nationality:	Age:
차번호	License plate Number:		
자동차 메이커 자동차 모델명 연식	Make:	Model:	Year:
서명	Signature:		

호텔측 기입사항	Method of Payment: □ Cash $ □ Credit Card □ Other _____	Arrival Date: Departure Date: Room No:

All of at the Hill Hotel are grateful for your patronage.

체크인하고 싶은데요.

I'd like to check in.

아이드 라익 투 체킨

성함을 말씀해 주시겠어요?

May I have your name?

메이 아이 햅 유어 네임

이 숙박 카드에 기입해 주십시오.

Please fill in the registration card.

플리즈 필 인 더 레지스트레이션 카드

죄송하지만, 손님은 예약이 안 되어 있습니다.

I'm afraid I can't find your reservation.

아임 어프레잇 아이 캔트 파인드 유어 레저베이션

방 좀 보여 주실래요?

May I see the room?

메이 아이 씨 더 룸

방을 바꿔 주시겠어요?

Could you please change my room?

쿠쥬 플리즈 체인쥐 마이 룸

모르면 대략난감 Best Expressions

예약을 안 했는데요.

I don't have a reservation.

아이 돈트 햅 어 레저베이션

죄송합니다만, 지금은 방이 다 찼습니다.

I'm afraid we're all filled up now.

아임 어프레잇 위아 올 필드 업 나우

어떤 방을 원하십니까?

What kind of room would you like?

왓 카인드 어브 룸 우쥬 라익

싱글 룸으로 드릴까요, 더블 룸으로 드릴까요?

A single room, or a double room?

어 싱글 룸, 오어러 더블 룸

전망이 좋은 방으로 주세요.

I need a room commanding a good view.

아이 니드 어 룸 컴맨딩 어 굿 뷰

다른 호텔을 알아봐 주시겠어요?

Would you refer me to another hotel?

우쥬 리풔 미 투 어나더 호텔

83

03 프런트에서

방을 바꿔주시겠어요?
Can you change my room?
캔 유 체인쥐 마이 룸

무슨 문제라도 있으십니까?
What's the problem?
왓츠 더 프라블럼

좋은 호텔에 머물면서도 짧은 영어 탓에 호텔 시설을 제대로 이용하지 못하는 경우가 많아요. 웬만한 건 다 프런트에서 해결하면 되니까 체크인에서 체크아웃까지 필요한 기본적인 표현들만 알아두면 크게 어렵지 않아요! 귀중품이나 현금이 들어있는 가방은 반드시 직접 들고 다니는 게 좋지만, 귀중품은 안전금고를 이용할 수 있어요.

모르면 대략난감 **Best Expressions**

이 가방을 한국에 보내려고 하는데요.

I'd like to send this bag to Korea.

아이드 라익 투 샌 디스 백 투 코리아

시내지도 한 장 주시겠어요?

Can I have a city map?

캔 아이 햅 어 시티 맵

이 호텔 주소가 적힌 카드를 주시겠어요?

Can I have a card with the hotel's address?

캔 아이 햅 어 카드 위드 더 호텔스 어드레스

여기서 관광버스 표를 살 수 있나요?

Can I get a ticket for the sightseeing bus here?

캔 아이 게러 티킷 풔 더 싸잇씽 버스 히어

와이파이 비밀번호가 뭐예요?

What's the password for wi-fi?

왓츠 더 패스워드 풔 와이파이

이메일을 체크하고 싶은데요.

I want to check my e-mail.

아이 원투 첵 마이 이메일

04 룸서비스

_____ 호실인데요.
This is room _____.
디스 이즈 룸

룸서비스를 부탁합니다.
Room service, please.
룸 서비스, 플리즈

_____을 갖다 주세요.
I'd like _____.
아이드 라익

맥주 두 잔
two beers
투 비어스

타월
towel
타우얼

커피 두 잔
two coffees
투 커퓌스

아침식사
breakfast
블랙퍼스트

주문한 게 아직 안 왔어요.
My other still hasn't arrived.
마이 오더 스틸 해즌트 어라이브드

호텔 룸으로 음식과 음료를 가져다주는 서비스를 room service라고 해요. 룸서비스를 이용하기 위한 표현은 간단해요. 전화를 걸어서 먼저 방 번호를 말하고 주문을 하면 됩니다. Hi, this is Kim in room 808.(안녕하세요. 808호의 김이에요) / I'd like to order a steak.(스테이크 하나 주문할게요) / When is my food coming?(음식은 언제 오나요?)

모르면 대략난감 **Best Expressions**

룸서비스 좀 부탁할게요.
Room service, please.
룸 서비스, 플리즈

룸서비스입니다. 무엇을 도와드릴까요?
Room service. Can I help you?
룸 서비스. 캔 아이 핼프 유

지금 아침식사를 주문할 수 있나요?
Can I order breakfast now?
캔 아이 오더 브랙퍼슷 나우

방 청소를 부탁할게요.
Please make up this room, please.
플리즈 메이컵 디스 룸, 플리즈

모닝콜을 어떻게 하나요?
How can I get a wake-up call?
하우 캔 아이 게러 웨이컵 콜

룸서비스가 아직 안 왔는데요.
Room service hasn't come yet.
룸서비스 해즌ㅌ 컴 옛

05 호텔 시설을 이용할 때

이 호텔에 바는 있나요?
Do you have a bar in this hotel?
두 유 햅 어 바 인 디스 호텔

우체국
post office
포스트 어피스

관광안내소
a travel[tourist] bureau
어 트레벌[투어리스트] 뷰러우

기념품가게
gift shop
기프트 샵

세탁소
laundry
런드리

이발소
barber shop
바버 샵

커피숍
coffee shop
커퓌 샵

미용실
beauty salon
뷰티 설라운

칵테일 라운지
cocktail lounge
칵테일 라운지

약국
drugstore
드럭스토어

식당
dining room
다이닝 룸

서점
bookstore
북스토어

연회장
banquet hall
뱅크윗 홀

호텔 안의 시설이나 서비스 내용은 체크인할 때 확인할 수 있으니 What amenities does the hotel have?(호텔 안에 어떤 시설이 있나요?)라고 물어보세요. 무료로 이용할 수 있는 것도 꽤 많아요. 예약이나 트러블, 문의 사항은 대부분 프런트 데스크에 부탁하면 해결을 해주지만, 클리닝, 룸서비스 등의 내선 번호는 방에 준비되어 있는 안내서에 적혀 있어요.

식당은 어디에 있나요?

Where is the dining room?

웨어리즈 더 다이닝 룸

아침식사는 몇 시에 하죠?

What time can I have breakfast?

왓 타임 캔 아이 햅 브랙퍼슷

커피숍은 어디에 있나요?

Where's the coffee shop?

웨어즈 더 커퓌 샵

세탁 좀 부탁할게요.

Laundry service, please.

런드리 서비스, 플리즈

호텔 안에 이발소가 있나요?

Is there a beauty barbershop in this hotel?

이즈 데어러 뷰티 바버샵 인 디스 호텔

계산은 제 방으로 해 주세요.

Will you charge it to my room?

윌 유 차쥐 잇 투 마이 룸

---

06 외출할 때

열쇠 좀 보관해 주시겠어요?
Will you keep my room key?
윌 유 킵 마이 룸 키

알겠습니다.
We can do that for you.
위 캔 두 댓 풔 유

단체로 여행을 간 경우에는 외출할 때 반드시 인솔자나 현지 안내원에게 행선지와 연락처를 남겨야 해요. 호텔의 이름과 주소가 적혀 있는 호텔카드나 명함을 꼭 챙기고 목적지까지 노선을 미리 확인해두면 낯선 곳에서 길 찾느라 어리버리 헤매는 시간을 줄일 수 있어요.

열쇠 좀 맡아 주시겠어요?

Will you keep my room key?

윌 유 킵 마이 룸 키

귀중품을 보관하고 싶은데요.

I want you to take my valuables.

아이 원츄 투 테익 마이 밸류어블즈

저한테 메시지는 없나요?

Do you have any messages for me?

두 유 햅 애니 메시쥐스 풔 미

저에게 온 전화는 있었나요?

Has anybody called me?

해즈 애니바디 콜드 미

맡긴 짐을 주시겠어요?

May I have my baggage back?

메이 아이 햅 마이 배기쥐 백

열쇠를 주시겠어요?

Can I have my key?

캔 아이 햅 마이 키

_____에서 물이 새요.
The _____ is leaking.
더   이즈 리킹

(화장실) 물이 안 내려가요.
The toilet won't flush.
더 타일럿 원트 플러쉬

타월이 없어요.
There is no towel.
데어리즈 노 타월

샴푸
shampoo
샴푸

린스
hair
conditioner
헤어 컨디셔너

치약
toothpaste
투쓰페이스트

칫솔
toothbrush
투쓰브러쉬

비누
soap
소웁

수도꼭지
faucet
퍼시트

호텔 방이라고 다 완벽한 건 아니죠. 필수품이 제대로 갖춰져 있지 않거나 필요한 것이 있을 때 쓸 수 있는 표현을 익혀두고 상황에 따라 응용하세요. I can't get Wifi.(와이파이가 안 잡혀요) / May I have the heating in my room turned down?(히터 좀 낮춰주시겠어요?) / Could I have some extra towels?(수건 몇 장 더 갖다 주시겠어요?)

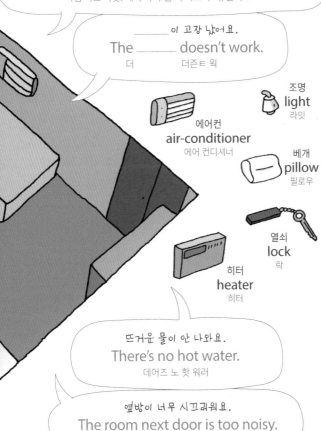

문이 잠겼는데 마스터키 좀 갖다 주세요.
I'm locked out. May I have the master key, please.
아임 락트 아웃. 메이 아이 햅 더 마스터 키, 플리즈

_____이 고장 났어요.
The _____ doesn't work.
더   더즌트 웍

조명
light
라잇

에어컨
air-conditioner
에어 컨디셔너

베개
pillow
필로우

열쇠
lock
락

히터
heater
히터

뜨거운 물이 안 나와요.
There's no hot water.
데어즈 노 핫 워러

옆방이 너무 시끄러워요.
The room next door is too noisy.
더 룸 넥스트 도어 이즈 투 노이지

뜨거운 물이 안 나오는데요.

There's no hot water.

데어즈 노 핫 워러

화장실 변기가 막혔어요.

The toilet doesn't flush.

더 토일릿 더즌ㅌ 플러쉬

옆방이 너무 시끄러워요.

The next room's very noisy.

더 넥스트 룸스 베리 노이지

방이 아직 청소가 안 되어 있는데요.

My room hasn't been cleaned yet.

마이 룸 해즌ㅌ 빈 클린드 옛

방에 타월이 부족해요.

I don't have enough towels in my room.

아이 돈ㅌ 햅 이넙 타월즈 인 마이 룸

텔레비전이 고장났어요.

The TV is out of order.

더 티비 이즈 아웃 어브 오더

잠깐 와 주시겠어요?

Could you send someone up to my room?

쿠쥬 샌드 썸원 업 투 마이 룸

네, 무슨 일이십니까?

Sure, what's the problem.

슈어, 왓츠 더 프라블럼

열쇠가 잠겨 방에 들어갈 수 없습니다.

I locked myself out.

아이 락트 마이셀프 아웃

방 번호를 잊어버렸습니다.

I forgot my room number.

아이 풔갓 마이 룸 넘버

카드키는 어떻게 사용합니까?

How do I use the card key?

하우 두 아이 유즈 더 카드 키

복도에 이상한 사람이 있습니다.

There is a strange person in the corridor.

데어리즈 어 스트레인쥐 퍼슨 인 더 코리더

95

08 체크아웃

_____ 호실입니다.
This is room _____.
디스 이즈 룸

체크아웃 할게요.
I'd like to check-out now.
아이드 라익 투 체카웃 나우

짐 좀 내려 주시겠어요?
Please send someone for my baggage.
플리즈 샌드 썸원 풔 마이 배기쥐

3시까지 짐 좀 맡길게요.
Could you keep my baggage until 3 o'clock?
쿠쥬 킵 마이 배기쥐 언틸 쓰리 어클락

여행을 마치고 호텔을 떠날 때 체크아웃을 해야 해요. 아침 일찍 호텔을 떠날 예정이라면 전날 밤에 짐을 꾸려 놓고, 다음날 아침 시간에 맞춰 짐을 가지러 오도록 미리 벨캡틴에게 부탁해두는 게 좋아요. 택시를 부르거나 공항버스 시각을 알아두고 체크아웃 예약도 전날 밤 해두면 편하게 출발할 수 있죠. 방을 나서기 전에 놓고 가는 물건이 없는지 꼼꼼히 확인하세요.

여행자수표도 되나요?
Do you accept traveler's checks?
두 유 액셉트 트레벌즈 첵스

정산을 부탁해요.
My bill, please.
마이 빌. 플리즈

즐거웠습니다. 고마워요.
I enjoyed my stay. Thank you.
아이 인조이드 마이 스테이, 땡큐

▷ **호텔 영수증에 있는 항목**

DEB(debt) 차용	**AMOUNT** 합계(금액)
RMC(room charge) 객실료	**room service** 룸서비스
TAX 세금	**restaurant** 레스토랑
LDC(long distance call) 장거리전화	
laundry 세탁비	

택시를 불러 주세요.
Please call a taxi.
플리즈 콜 어 택시

모르면 대략난감 **Best Expressions**

체크아웃 시간은 몇 시죠?

When is Check out time?

웬 이즈 체카웃 타임

몇 시에 떠나실 겁니까?

What time are you leaving?

왓 타임 아 유 리빙

1박을 더 하고 싶은데요.

I'd like to stay one more night.

아이드 라익 투 스테이 원 모어 나잇

하루 일찍 떠나고 싶은데요.

I'd like to leave one day earlier.

아이드 라익 투 리브 원 데이 얼리어

오후까지 방을 쓸 수 있나요?

May I use the room till this afternoon?

메이 아이 유즈 더 룸 틸 디스 앱터눈

오전 10시에 택시를 불러 주세요.

Please call a taxi for me at 10 a.m.

플리즈 콜 어 택시 풔 미 앳 텐 에이엠

체크아웃 해 주세요.

Check out, please.

체카웃, 플리즈

맡긴 귀중품을 꺼내 주시겠어요?

I'd like my valuables from the safe.

아이드 라익 마이 밸류어블즈 프럼 더 세입

방에 물건을 두고 나왔어요.

I left something in my room.

아이 랩트 썸씽 인 마이 룸

계산서를 주시겠어요?

I'd like to take care of my bill.

아이드 라익 투 테익 케어롭 마이 빌

봉사료가 포함된 가격인가요?

Does the price include the service charge?

더즈 더 프라이스 인클루드 더 서비스 차쥐

영수증을 주시겠어요?

Can I have a receipt?

캔 아이 햅 어 리싯

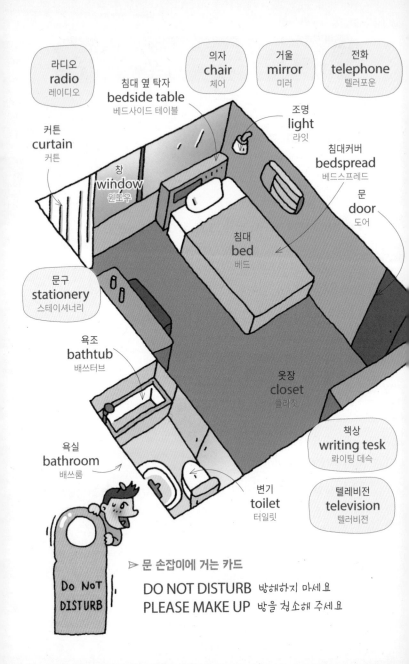

라디오
radio
레이디오

침대 옆 탁자
bedside table
베드사이드 테이블

의자
chair
체어

거울
mirror
미러

전화
telephone
텔러포운

커튼
curtain
커튼

창
window
윈도우

조명
light
라잇

침대커버
bedspread
베드스프레드

문
door
도어

문구
stationery
스테이셔너리

침대
bed
베드

욕조
bathtub
배쓰터브

옷장
closet
클라짓

욕실
bathroom
배쓰룸

책상
writing tesk
롸이팅 데슥

변기
toilet
터일릿

텔레비전
television
텔러비전

▷ 문 손잡이에 거는 카드

DO NOT DISTURB 방해하지 마세요
PLEASE MAKE UP 방을 청소해 주세요

DO NOT
DISTURB

Part 4

외출

01 길을 물을 때

이 지도에서 ＿＿＿＿ 는 어디입니까?
Where is ＿＿＿＿ on this map?
웨어리즈　　　　　온 디스 맵

여기	**this place**
	디스 플레이스
버스정류소	**the bus stop**
	더 버스탑
우체국	**the post office**
	더 포스트 어피스
은행	**the bank**
	더 뱅크
미술관	**the art museum**
	더 아트 뮤지엄
백화점	**the department store**
	더 디파트먼트 스토어

＿＿＿＿ 으로 가는 길을 가르쳐 주세요.
Please tell me how to get to ＿＿＿＿ .
플리즈 텔 미 하우 투 겟 투

외국에서 길을 물을 때는 가능하면 경찰이나 관광안내소에 가서 물어보는 게 좋아요. 세상 모든 나라가 우리나라처럼 치안상태가 좋은 건 아니니까요. 급하게 걸어가는 사람보다는 천천히 걷는 사람에게 묻는 것이 좋지만, 지나치게 친절한 사람은 좀 경계해야 해요. 말을 걸 때는 Excuse me.(실례합니다)로 시작하고 Thank you.(감사합니다)라고 인사하는 거 잊지 마세요.

모르면 대략난감 Best Expressions

실례합니다.
Excuse me.
익스큐즈 미

여기가 어디예요?
Where am I?
웨어 엠 아이

가장 가까운 지하철역이 어디 있어요?
Where is the nearest subway station?
웨어리즈 더 니어리슷 썹웨이 스테이션

약도를 좀 그려주시겠어요?
Could you draw me a map?
쿠쥬 드로우 미 어 맵

저도 여기는 처음이에요
I'm a stranger here myself.
아임 어 스트레인저 히어 마이셀프

버스를 타세요.
Take the bus.
테익 더 버스

103

02 택시를 탈 때

택시를 어디서 탈 수 있나요?
Where can I get a taxi?
웨어 캔 아이 게러 택시

어디까지 가십니까?
Where to?
웨어 투

이 주소(메모를 보여주며) **this address**

이곳	**this place** 디스 플레이스	공원	○○ **park** 파크
백화점	○○ **department** 디파트먼트	호텔	○○ **hotel** 호텔

_____, please.
플리즈

시간에 맞춰가야 하는데 늦었거나 길을 영 모르겠을 때는 택시를 이용하는 게
여러 모로 편리해요. 영어가 서툴러도 목적지의 주소나 이름(무슨 백화점 등으
로)을 적어서 택시기사에게 주면 됩니다. 사람이 많을 때나 큰 짐이 있을 때는
추가요금을 받는 경우도 있으니 미리 요금협상을 해두는 게 좋아요. 내릴 때는
요금의 15% 정도를 팁으로 더 줘야 해요.

모르면 대략난감 Best Expressions

기본

✈ 출국

🛏 숙박

🚗 외출

🚄 관광

🍴 식사

🚶 방문

🛒 쇼핑

트러블

택시를 불러 주시겠어요?

Could you call me a taxi?

쿠쥬 콜 미 어 택시

공항으로 가주세요.

Please take me to the airport.

플리즈 테익 미 투 디 에어폿

얼마나 걸리죠?

How long does it take?

하우 롱 더즈 잇 테익

다음 모퉁이에서 왼쪽으로 도세요.

Turn left at the next corner.

턴 랩트 앳 더 넥스트 코너

여기서 세워주세요.

Stop here, please.

스탑 히어, 플리즈

요금이 얼마죠?

What's the fare?

왓츠 더 페어

---

03 버스를 탈 때

(_____행) 버스정류소는 어디에 있나요?
Where is the bus stop (to _____)?
웨어리즈 더 버스탑 (투

이 버스는 _____에 갑니까?
Does this bus go to _____?
더즈 디스 버스 고 투

이 버스는 _____를 지나갑니까?
Does this bus go through _____?
더즈 디스 버스 고 쓰루

시내를 관광할 때는 시내버스를 이용하는 것이 값도 싸고 편리해요. 특별히 시내투어를 하는 버스도 있고요. 관광안내소 등에서 노선도를 받아두면 이동할 때마다 유용하게 쓸 수 있어요. 미국에서는 요금을 직접 요금함에 넣는 경우가 대부분이고, 거스름돈을 받을 수 없으니까 동전을 미리 준비해야 해요. 런던의 유명한 2층버스는 뒷문으로 타고 차장에게 요금을 냅니다.

이 버스 공항에 갑니까?

Does this bus go to the airport?

더즈 디스 버스 고 투 디 에어폿

다음 정거장은 어디예요?

What's the next stop?

왓츠 더 넥스트 스탑

버스를 잘못 탔어요.

I took the wrong bus.

아이 툭 더 렁 버스

내릴 곳을 놓쳤어요.

I missed my stop.

아이 미스트 마이 스탑

뉴욕행 버스는 얼마나 자주 운행되나요?

How often do the buses run to New York?

하우 오픈 두 더 버시즈 런 투 뉴욕

이 버스는 타임스퀘어에서 섭니까?

Does this bus stop at Time Square?

더즈 디스 버스탑 앳 타임 스퀘어

기본 / 출국 / 숙박 / 외출 / 관광 / 식사 / 방문 / 쇼핑 / 트러블

04 지하철을 탈 때

가장 가까운 지하철역은 어디죠?
Where's the nearest subway station?
웨어즈 더 니어리슷 썹웨이 스테이션

2블록만 더 가면 있어요.
Two blocks from here.
투 브럭스 프롬 히어

지하철표는 어디서 사죠?
Where can I buy a subway ticket?
웨어 캔 아이 바이 어 썹웨이 티킷

개찰구 바로 옆에 발매기가 있습니다.
There's a vending machine right next to the entrance gate.
데어즈 어 밴딩 머신 롸잇
넥슷 투 더 엔터런스 게잇

지하철은 미국에서는 subway, 런던에서는 underground 또는 tube라고 불러요. 요즘은 웬만한 나라에는 다 지하철이 발달해 있어서 버스보다 훨씬 수월하게 이용할 수 있죠. 교통체증도 없고 값도 싸고 노선도만 갖고 있으면 원하는 곳 어디로든 큰 불편 없이 찾아갈 수 있어요. 관광안내소 등에서 노선도를 꼭 받아서 탈 때마다 노선, 환승역, 하차역을 미리 확인해요.

지하철 노선도를 얻을 수 있을까요?

Can I have a subway map?

캔 아이 햅 어 썹웨이 맵

이 근처에 지하철역이 있습니까?

Is the subway station near here?

이즈 더 썹웨이 스테이션 니어 히어

표는 어디서 살 수 있습니까?

Where can I buy a ticket?

웨어 캔 아이 바이 어 티킷

어느 선이 센트럴 파크로 갑니까?

Which line goes to Central Park?

위치 라인 고우즈 투 센츄럴 팍

맨하탄에 가려면 어디서 갈아탑니까?

Where do I have to change for Manhattan?

웨어 두 아이 햅 투 체인쥐 풔 맨해튼

공항까지 정거장이 몇 개 있어요?

How many stops are they to the Airport?

하우 매니 스탑스 아 데이 투 디 에어폿

05 열차를 탈 때

_____까지 급행은 있나요?
Are there any express trains to _____?
아 데어 애니 익스프레스 트레인즈 투

_____까지 가는 열차는 어느 것입니까?
Which train goes to _____?
위치 트레인 고우즈 투

A까지 표를 B장 주세요.
B tickets to A, please.
B 티켓츠 투 A, 플리즈

편도	one-way 원 웨이	침대차	sleeping car 슬리핑 카
왕복	round-trip 라운드 트립	지정석	reserved seat 리저브드 시트
급행	express train 익스프레스 트레인	~행	bound for ~ 바운드 풔
보통	local train 로컬 트레인		

미국, 캐나다, 호주, 특히 유럽 등지에서는 열차여행이 아주 유명해요. 아름다운 관광지를 따라 며칠씩 열차를 타고 가는 여행상품으로 특화되어 있는 경우도 많고요. 장거리 여행을 할 때는 버스를 이용하는 것이 불편하기도 하고 요금도 무척 비싸기 때문에 열차를 이용하는 게 여러 모로 좋아요. 편안하게 경치를 즐기면서 여행하기에는 정말 딱이죠.

매표소가 어디 있어요?

Where is the ticket office?

웨어리즈 더 티킷 어피스

이 열차가 시카고 행 열차예요?

Is this going to Chicago?

이즈 디스 고잉 투 시카고

열차가 얼마나 자주 옵니까?

How often does the train come?

하우 오픈 더즈 더 트레인 컴

이 열차 그 역에서 정차합니까?

Does this train stop at the station?

더즈 디스 트레인 스탑 앳 더 스테이션

별도의 요금을 내야 합니까?

Do I have to pay an extra charge?

두 아이 햅 투 페이 언 엑스트라 차쥐

식당칸은 있습니까?

Does the train have a dining car?

더즈 더 트레인 햅 어 다이닝 카

06 비행기를 탈 때

비행기 예약을 부탁합니다.
I'd like to make a reservation.
아이드 라익 투 메이커 레저베이션

(기내 맡길) 짐은 없습니다.
I have nothing to check.
아이 햅 나씽 투 첵

(기내 맡길) 짐이 있습니다.
I'd like to check there bags.
아이드 라익 투 첵 데어 백스

금연석으로 주세요.
Nonsmoking seat, please.
난스모킹 씻, 플리즈

비행기 예약은 적어도 출발하기 72시간 전에는 반드시 재확인해야 해요. 누구라도 비행기는 당연히 예약을 해두죠. 한 달 전에 했든 일주일 전에 했든 아무튼 비행기 예약은 무조건 출발하기 전에 항공사에 다시 확인해야 해요. 그런 걸 reconfirm이라고 하죠. 왠지는 몰라도 비행기 예약이 자동으로 취소되거나 예약이 제대로 되어 있지 않은 경우가 꽤 있거든요.

모르면 대략난감 Best Expressions

탑승 수속은 언제 하죠?

When should I check in?

웬 슛 아이 체킨

창문 옆 좌석을 주세요.

Please give me a window seat.

플리즈 깁 미 어 윈도우 씻

출발 시간이 언제죠?

When does this airplane take off?

웬 더즈 디스 에어플레인 테익 오프

비행기를 타러 어디로 가죠?

Where is the gate for this flight?

웨어리즈 더 게잇 풔 디스 플라잇

이건 가지고 들어갈 수 있어요?

Can I carry this with me?

캔 아이 캐리 디스 위드 미

제 자리는 어디죠?

Where's my seat, please?

웨어즈 마이 씻, 플리즈

113

07 렌터카를 이용할 때

차를 빌리고 싶은데요.
I'd like to rent a car, please.
아이드 라익 투 렌터 카, 플리즈

소형차로 주세요.
A <u>compact</u> car, please.
어 컴팩트 카, 플리즈

한국의
Korean
코리언

매뉴얼
manual
메뉴얼

오토매틱
automatic
오토매틱

사륜구동
four wheel drive
풔 휠 드라이브

automatic

4wd

요즘은 외국에 여행가서 버스 시간, 열차 시간 등에 구애받지 않고 자유롭게 다니려고 렌터카를 빌리는 사람들도 많아요. 외국에서 렌터카를 빌릴 때는 여권과 국제면허증이 필요해요. 당연한 것이지만 보험도 잊지 말고 꼭 들어야 하고요. 관광시즌에는 한국에서 출발하기 전에 미리 현지 렌터카 회사에 예약을 해두는 게 좋아요. 신청할 때는 대개 신용카드가 필요해요.

모르면 대략난감 **Best Expressions**

어디서 차를 빌리죠?

Where can I rent a car?

웨어 캔 아이 렌터 카

렌터카 영업소는 어디에 있죠?

Where's the rent-a-car firm?

웨어즈 더 렌-터-카 퓜

차를 빌리고 싶은데요.

I'd like to rent a car.

아이드 라익 투 렌터 카

요금표를 보여 주시겠어요?

May I see the rate list?

메이 아이 씨 더 레잇 리스트

3일간 차를 빌리고 싶은데요.

I want to rent a car for three days.

아 원투 렌터 카 풔 쓰리 데이즈

소형차는 있어요?

Do you have economy cars?

두 유 햅 이커너미 카즈

08 차를 운전할 때

(지도를 가리키며) 여기가 어딥니까?
Where am I?
웨어 엠 아이

가득 채워주세요.
Fill it up, please.
필 잇 업, 플리즈

주유소	**gas station** 개스 스테이션
무연휘발유	**unleaded** 언레디드
유연휘발유	**regular** 래귤러
셀프 주유소	**self service** 셀프 서비스

차를 빌려서 여행할 생각이라면 미국이나 유럽에서는 운전에 대해 아주 엄격한 기준을 적용한다는 사실을 명심해야 해요. 미국에서는 스쿨버스에서 어린이들이 승하차하는 동안 뒷차는 무조건 기다려야 하고, 중앙분리대가 없는 도로라면 맞은편에서 오는 차들도 모두 서야 하죠. 주차금지 구역에 차를 세우면 바로 끌고 가버리고 바퀴를 잠가버리는 나라도 있거든요.

주유소를 찾고 있는데요.

I'm looking for a gas station.

아임 룩킹 풔러 개스 스테이션

여기에 주차해도 될까요?

Can I park here?

캔 아이 팍 히어

차가 시동이 안 걸려요.

This car doesn't work.

디스 카 더즌ㅌ 웍

가득 넣어주세요.

Fill it up, please.

필 잇 업, 플리즈

타이어가 펑크 났어요.

I had a flat tyre.

아이 햇 어 플랫 타이어

다음 휴게소까지 얼마나 멀어요?

How far is it to the next services?

하우 퐈 이즈 잇 투 더 넥스트 서비시스

👉 거리에서 볼 수 있는 게시판

YIELD	양보
KEEP RIGHT	우측통행
STOP	일단정지
DO NOT PASS	추월금지
DO NOT ENTER	진입금지
ONE WAY	일방통행
DON'T WALK	건너지 마시오
WALK	건너시오
PARKING LOT	주차장
NO PARKING	주차금지
NO STANDING	정차금지
ROAD CLOSED	통행금지
EXIT	출구
TRANSFER	갈아타는 곳
DANGER	위험
CAUTION	주의
OUT OF ORDER	고장
NOT IN USE	사용중지

Part 5

관광

01 관광안내소에서

_____에 가고 싶은데요.
I'd like to visit _____.
아이드 라익 투 비짓

_____를 보고 싶은데요.
I'd like to see _____.
아이드 라익 투 씨

거기는 어떻게 갑니까?
How can I get there?
하우 캔 아이 겟 데어

길을 잃었습니다. 좀 도와 주시겠어요?
I'm lost. Could you help me?
아임 로슷. 쿠쥬 헬프 미

한국어 가이드는 있나요?
Are there any Korean-speaking guides available?
아 데어 애니 코리언-스피킹 가이드스 어베이러블

관광의 첫걸음은 관광안내소에서 시작됩니다. 관광안내소에서는 시내 볼거리 소개부터 버스 정류장, 주변 관광지 교통안내, 지역별 명물·명산품, 숙박시설 안내, 관광 상품 안내 등 여행에 필요한 여러 가지 서비스를 제공하고 있고 대개 영어가 가능한 직원이 항상 대기하고 있어요. 무료 시내지도나 지하철 노선도, 버스 노선도 등은 반드시 얻어두세요.

모르면 대략난감 **Best Expressions**

시내 투어는 있습니까?

Is there a city tour?

이즈 데어러 시티 투어

무료 시내지도는 있나요?

Do you have a free city map?

두 유 햅 어 프리 시티 맵

민박 목록은 있어요?

Do you have a list of B&Bs?

두 유 햅 어 리스트 어브 비앤비즈

꼭 구경해야 할 곳을 몇 군데 가르쳐 주세요.

Please tell me some of the places I should visit.

플리즈 텔 미 썸 어브 더 플레이스 아이 슈드 비짓

도시를 둘러보는 가장 좋은 방법은 뭐예요?

What's the best way of seeing around the city?

왓츠 더 베스트 웨이 어브 씨잉 어라운 더 시티

관광객을 위한 안내책자는 있나요?

Do you have a tourist guide brochure?

두 유 햅 어 투어리슷 가이드 브로슈어

기본
출국
숙박
외출
관광
식사
방문
쇼핑
트러블

02 관광버스와 투어에 참가할 때

관광투어에는 어떤 것이 있나요?
What kind of tours do you have?
왓 카인드 어브 투어스 두 유 햅

어디에서, 몇 시에 출발하나요?
When and where do you leave?
웬 앤 웨어 두 유 리브

몇 시에 돌아오죠?
What time will you come back?
왓 타임 윌 유 컴 백

대부분의 도시에서는 시내관광 투어 코스를 운영해요. 그 도시에서 가장 인기 있는 관광지를 버스를 타고 돌아보는 상품이죠. 대부분 여러 나라의 언어로 오디오 가이드를 제공하니까 편한 언어를 선택해서 관광지 해설을 들으며 돌아볼 수 있어요. 운행시간, 노선, 버스 정류장을 미리 알아둬야 하고 무엇보다 따로 티켓이나 패스를 사야 하는지 알아봐야 해요.

관광여행을 하고 싶은데요.

I'd like to take a sightseeing tour.

아이드 라익 투 테익 어 싸잇씽 투어

관광버스 투어는 있나요?

Is there a sightseeing bus tour?

이즈 데어러 싸잇씽 버스 투어

어떤 종류의 투어가 있어요?

What kind of tours do you have?

왓 카인드 어브 투어스 두 유 햅

하루 코스는 있나요?

Do you have a full-day tour?

두 유 햅 어 풀-데이 투어

야간 투어는 있나요?

Do you have a night tour?

두 유 햅 어 나잇 투어

개인당 비용은 얼마죠?

What's the rate per person?

왓츠 더 레잇 퍼 퍼슨

저것은 무엇입니까?
What is that?
왓 이즈 댓

저것은 무슨 산입니까?
What is the name of that mountain?
왓 이즈 더 네임 어브 댓 마운틴

저것은 무슨 강입니까?
What is the name of that river?
왓 이즈 더 네임 어브 댓 리버

저 건물은 무엇입니까?
What is that building?
왓 이즈 댓 빌딩

어느 나라에 가든 유명한 미술관이나 박물관은 필수코스죠. 계획을 세우기 전에 먼저 휴관일을 알아보고, 요일에 따라서 개관을 연장하거나 입장료가 달라지는 곳도 있으니까 가이드북을 보고 미리 확인하세요. 교회나 성당 등 종교와 관련된 곳을 방문할 때는 옷차림에 신경을 써야 해요. 반바지나 슬리퍼, 노출이 심한 옷차림 등으로는 들어가지 못하는 곳도 있어요.

저게 뭐죠?

What is that?

왓 이즈 댓

저게 먼지 아세요?

Do you know what that is?

두 유 노우 왓 댓 이즈

저기 있는 저 동상은 뭐죠?

What's that statue over there?

왓츠 댓 스태츄 오버 데어

이 건물은 왜 유명하죠?

What is this building famous for?

왓 이즈 디스 빌딩 페이머스 풔

정말 아름다운 경치네요!

What a beautiful sight!

와러 뷰티펄 싸잇

전망이 기가 막히네요!

What a fantastic view!

와러 팬태스틱 뷰

기본
출국
숙박
외출
관광
식사
방문
쇼핑
트러블

04 관람할 때

지금 인기 있는 연극은 무엇입니까?
What's the most popular play now?
왓츠 더 모스트 파퓰러 플레이 나우

영화	오페라	뮤지컬
move	**opera**	**musical**
무브	오페라	뮤지컬

_____은 어디서 하나요?
Where can I see _____.
웨어 캔 아이 씨

몇 시에 시작하나요?
What time does it begin?
왓 타임 더즈 잇 비긴

몇 시에 끝나죠?
What time does it end?
왓 타임 더즈 잇 엔드

뮤지컬, 연극, 콘서트 등의 정보는 그 도시의 정보지, 호텔의 인포메이션, 관광안내소에서 찾아볼 수 있어요. 예매를 해두는 것이 좋지만 미국이나 유럽의 대도시에서는 당일권을 반액으로 파는 경우도 있으니 참고하세요. How long does the concert to last?(공연 시간은 얼마나 돼요?) / Is this program free?(이 안내책자는 무료인가요?)

입장료는 얼마예요?

How much is the admission fee?

하우 머치 이즈 디 애드미션 피

어른 두 장 주세요.

Two adults, please.

투 어덜츠, 플리즈

오후 6시에 폐관합니다.

The closing time is 6 p.m.

더 클로징 타임 이즈 식스 피엠

이 입체 전시물들 대단하지 않아요?

Aren't these dioramas excellent?

안ㅌ 디즈 다이어라머즈 엑셀런트

만지지 마세요.

Don't touch it.

돈ㅌ 터치 잇

피카소 작품은 어디 있어요?

Where are the works of Picasso?

웨어라 더 웍스 어브 피카소우

05 사진을 찍을 때

여기서 사진을 찍어도 되나요?
Can I take pictures here?
캔 아이 테익 픽처스 히어

당신 사진을 찍어도 될까요?
May I take your picture?
메이 아이 테익 유어 픽처

사진을 찍어 주시겠어요?
Could you take my picture, please?
쿠쥬 테익 마이 픽처, 플리즈

다시 한 번 부탁합니다.
One more, please.
원 모어, 플리즈

미술관이나 박물관에서는 사진촬영이 금지되어 있는 곳이 많으므로 게시판을 잘 살펴야 해요. 요즘은 여행을 다니는 사람들이 대부분 셀카봉을 들고 다니면서 사진을 찍어 SNS에 올리는 게 전 세계적으로 유행이에요. 한국에서는 셀카라고 하지만 바른 영어 표현은 selfie이고, 셀카봉은 selfie stick이에요. 다른 사람을 찍을 때는 먼저 허락을 받는 거 잊지 마세요.

모르면 대략난감 Best Expressions

여기서 사진 찍어도 되나요?

Can I take a picture here?

캔 아이 테익 어 픽처 히어

여기서 플래시를 사용해도 되나요?

May I use a flash here?

메이 아이 유즈 어 플래쉬 히어

사진 좀 찍어 주시겠어요?

Could you take a picture of me, please?

쿠쥬 테익 어 픽처 어브 미, 플리즈

이 버튼만 누르세요.

Just press this button.

저슷 프레스 디스 버튼

같이 사진 찍어도 될까요?

Can I take a picture with you?

캔 아이 테익 어 픽처 윗 유

셀카 찍자.

Let's take a selfie.

렛츠 테익 어 셀피

06 카지노에서

_____ 달러어치 칩을 주세요.
_____ dollars worth of chips, please.
달러즈 워쓰 어브 칩스, 플리즈

이것으로 _____ 달러 걸겠습니다.
I'll bet _____ dollars on this.
아일 벳   달러즈 온 디스

계속하겠습니다.
I'll keep going.
아일 킵 고잉

끝내겠습니다.
I'm out.
아임 아웃

라스베가스 같은 데 가서 경험 삼아 재미로 카지노에 들르더라도 기본 용어는 알아야겠죠? Bet(돈을 거는 것), Deck(52장의 카드 한 조), Chip(현금 대신 사용하는 토큰 모양의 화폐), Jackpot(슬롯머신 등에서 큰 상금이 터진 것), 딜러(Dealer, 테이블 게임을 진행하는 직원), 플로워(Floor, 딜러 뒤에서 게임을 감독하는 초급 간부), 시큐리티(Security, 보안 요원)

괜찮은 카지노를 소개해 주시겠어요?

Could you recommend a good casino?

쿠쥬 레커멘드 어 굿 커시노우

여기서는 어떤 게임(도박)을 할 수 있어요?

What kind of gambling can we play here?

왓 카인드 어브 갬벌링 캔 위 플레이 히어

이 호텔에는 카지노가 있나요?

Is there any casino in this hotel?

이즈 데어 애니 커시노우 인 디스 호텔

게임(도박)을 하고 싶은데요.

I'd like to play gambling.

아이드 라익 투 플레이 갬벌링

칩을 현금으로 바꿔 주세요.

Cash my chips, please.

캐쉬 마이 칩스, 플리즈

이제 그만할게요.

I'll stop here.

아월 스탑 히어

기본 / 출국 / 숙박 / 외출 / 관광 / 식사 / 방문 / 쇼핑 / 트러블

07 클럽 바에서

몇 시에 시작됩니까?
What time does the show begin?
왓 타임 더즈 더 쇼우 비긴

무대 근처 자리로 주세요.
Can I have a table near the stage, please?
캔 아이 햅 어 테이블 니어 더 스테이지, 플리즈

얼마나 듭니까?
How much does it cost?
하우 머취 더즈 잇 코스트

이 클럽의 쇼는 어떤 것입니까?
What kind of show do they have?
왓 카인드 어브 쇼우 두 데이 햅

클럽은 친구들과 음악을 들으면서 춤을 추러 가는 곳이고 바는 친구들과 술을 마시며 이야기를 나누러 가는 곳이죠. 클럽은 음악 장르에 따라서 나뉘기도 하는데 주로 힙합클럽, 하우스클럽, 부갈루클럽, 일렉트릭클럽 등이 있어요. 복장 규정이 까다로운 곳도 있으니 클럽이나 바의 분위기, 이벤트 내용, 입장료, 문 여는 시간 등을 미리 확인하는 게 좋아요.

모르면 대략난감 Best Expressions

이 근처에 유흥업소가 있나요?

Are there any clubs and bars around here?

아 데어 애니 클럽스 앤 바스 어라운드 히어

괜찮은 나이트클럽 좀 추천해 주시겠어요?

Could you recommend a good night club?

쿠쥬 레커멘드 어 굿 나잇 클럽

디스코텍에 데리고 가주세요.

Take me to the disco, please.

테익 미 투 더 디스코, 플리즈

그 클럽의 쇼는 어떤 것이죠?

What kind of show do they have?

왓 카인드 어브 쇼우 두 데이 햅

술값은 내나요?

Do you charge for drinks?

두 유 차쥐 풔 드링스

같이 춤을 추시겠어요?

Would you dance with me?

우쥬 댄스 윗 미

08 스포츠 레저를 즐길 때

_____을 하고 싶은데요.
I'd like to _____.
아이드 라익 투

골프
play golf
플레이 골프

서핑
go surfing
고 서핑

테니스
play tennis
플레이 테니스

수영
go swimming
고 스위밍

스키
go skiing
고 스키잉

다이빙
go diving
고 다이빙

하루에 얼마입니까?
How much is it per day?
하우 머취 이즈 잇 퍼 데이

용구를 빌릴 수 있나요?
Can I rent the equipment.
캔 아이 랜트 디 이큅먼트

용구는 어디서 빌릴 수 있나요?
Where can I rent the equipment?
웨어 캔 아이 랜트 더 이큅먼트

미국의 메이저리그 야구시합, 아메리칸풋볼, 농구 등 인기 있는 스포츠 경기를 보려면 반드시 예약을 해야 해요. 요즘은 휴가나 연휴, 심지어 주말 동안에 해외로 골프, 등산, 낚시 등의 레저 활동을 즐기기 위해 출국하는 사람들도 많아졌어요. 나라마다 특화되어 있는 레저 상품이 있으니까 서비스 품질, 비용, 시간 등을 잘 따져서 선택해야 해요.

모르면 대략난감 Best Expressions

미식축구 경기를 보고 싶은데요.

I want to see an American football game.

아이 원투 씨 언 어메리컨 풋볼 게임

표는 구할 수 있나요?

Can I get a ticket?

캔 아이 개러 티킷

좋아하는 스포츠가 뭐예요?

What's your favorite sport?

왓츠 유어 페이버릿 스포츠

오늘 플레이할 수 있어요?

Can we play today?

캔 위 플레이 투데이

스키 용품은 어디서 빌릴 수 있죠?

Where can I rent ski equipment?

웨어 캔 아이 렌트 스키 이큅먼트

서핑보드를 빌리고 싶은데요.

I'd like to rent a surfboard.

아이드 라익 투 렌트 어 서프보드

알아두면 금상첨화 Bonus Expressions

☞ 미술관이나 박물관 등에서 볼 수 있는 표시

ADMISSION $ 8,50	입장료 8달러 50센트
ADMISSION FREE	입장료 무료
OPENING TIME	10 a.m. 개관시간 오전 10시
CLOSING TIME	7 p.m. 폐관시간 오후 7시
CLOSED	휴관(폐관)
STAFF ONLY	관계자 외 출입금지
ARCHIVES	자료실
ADMIT ONE	1인당 1장
NO ADMITTANCE KEEP OUT NO ENTRANCE	출입금지
PHOTOGRAPHY PROHIBITED NO PHOTOGRAPHS	촬영금지
NO SKETCHING	스케치금지
LOST & FOUND	분실물센터
WET FLOOR	젖은 마루
OUT OF ORDER	고장중

Part 6

식사

01 식당을 찾을 때

이 근처에 추천할만한 _____ 레스토랑이 있나요?

Could you recommend a nice _____ restaurant near here?

쿠쥬 리커멘드 어 나이스 _____ 레스터란트 니어 히어

한국
Korean
코리언

미국
American
어메리칸

일본
Japanese
재패니스

프랑스
French
프랜치

이탈리아
Italian
이탈리언

중국
Chinese
차이니즈

가장 가까운 한국 레스토랑은 어디입니까?

Where is the nearest Korean restaurant?

웨어리즈 더 니어리슷 코리언 레스터란트

여행을 떠나기 전에 맛있는 식당을 미리 검색해두면 뭘 먹을까, 어떤 식당에서 먹을까 고민하는 시간도 줄일 수 있고, 검색해 둔 맛집을 찾아다니는 재미도 누릴 수 있어요. 여행의 또 다른 묘미가 되는 거죠. 그러지 못했을 때는 그곳에 사는 사람들에게 물어보는 게 가장 안전해요. 가이드북에 소개된 식당 중에는 가끔 실망스러운 경우가 있거든요.

괜찮은 레스토랑 좀 알려 주시겠어요?

Could you tell me a good restaurant?

쿠쥬 텔 미 어 굿 레스터란트

이 근처에 괜찮은 레스토랑이 있어요?

Is there a good restaurant around here?

이즈 데어러 굿 레스터란트 어라운드 히어

레스토랑이 많은 곳은 어디죠?

Where is the main area for restaurants?

웨어리즈 더 메인 에어리어 풔 레스터란츠

한식당은 있나요?

Do you have a Korean restaurant?

두 유 햅 어 코리언 레스터란트

지금 문을 연 레스토랑은 있나요?

Do you know of any restaurants open now?

두 유 노우 어브 애니 레스터란츠 오픈 나우

이곳 로컬푸드를 먹고 싶은데요.

I'd like to have some local food.

아이드 라익 투 햅 썸 로컬 푸드

02 식당을 예약할 때

예약해주세요.
Could you make a reservation, please?
쿠쥬 메이커 레저베이션, 플리즈

나는 _____ 입니다. 7시에 2사람입니다.
My name is _____.
마이 네임 이즈
Two at 7 o'clock, please.
투 앳 세븐 어클락, 플리즈

정장이 필요한가요?
Is formal dress required?
이즈 풔멀 드레스 리콰이어드

가게는 어디입니까?
Where is it?
웨어 이즈 잇

식당에 가기 전에 예약을 해두는 게 여러모로 편해요. 맛집이라고 무작정 찾아갔는데 예약이 꽉 차서 자리가 없으면 완전 낭패니까요. 전화를 걸어서 Do I need a reservation?(예약을 해야 해요?)라고 물어보고 I'd like to make a reservation for 2 people at 6pm this evening.(오늘 저녁 6시에 두 사람 예약할게요) 등으로 예약해야 해요.

모르면 대략난감 **Best Expressions**

예약을 해야 하나요?

Do I need a reservation?

두 아이 니드 어 레저베이션

예약 좀 해주시겠어요?

Could you make a reservation for me?

쿠쥬 메익 어 레저베이션 풔 미

일행은 몇 분이십니까?

How large is your party?

하우 라쥐 이즈 유어 파티

창가 테이블로 주세요.

I'd like a table by the window.

아이드 라익 어 테이블 바이 더 윈도우

몇 시까지 영업을 하죠?

How late is it open?

하우 레잇 이즈 잇 오픈

거기는 어떻게 가죠?

How can I get there?

하우 캔 아이 겟 데어

기본

출국

숙박

외출

관광

식사

방문

쇼핑

트러블

141

예약한 _____ 입니다.
I have a reservation. My name is _____.
아이 햅 어 레저베이션. 마이 네임 이즈

예약을 안 했는데, 테이블은 있나요?
I have no reservation.
아이 햅 노 레저베이션
Do you have any tables free?
두 유 햅 애니 테이블스 프리

몇 분 정도 기다려야 하나요?
How long is the wait?
하우 롱 이즈 더 웨잇

식당에 가면 빈자리가 있어도 그냥 가서 앉으면 안 돼요. 웨이터가 올 때까지 기다렸다가 예약을 확인하고 We have a reservation under the name of Junho Kim.(김준호 이름으로 예약했어요) 웨이터가 안내해주는 자리에 가서 앉아야 하죠. under the name of는 '~의 이름으로'라는 뜻을 가진 숙어예요. 예약을 확인할 때 유용하게 쓸 수 있는 표현이죠.

예약을 했는데요.

I have a reservation.

아이 햅 어 레저베이션

자리 있어요?

Can we have a table?

캔 위 햅 어 테이블

몇 분이십니까?

How many of you, sir?

하우 메니 어브 유, 써ㄹ

지금 자리가 다 찼습니다.

No tables are available now.

노 테이블즈 아 어베일러블 나우

어느 정도 기다려야 하죠?

How long do we have to wait?

하우 롱 두 위 햅 투 웨잇

저쪽으로 옮길 수 있을까요?

Could we move over there?

쿳 위 무브 오버 데어

04 식사를 주문할 때

오늘 특별요리는 무엇인가요?
What is today's special?
왓 이즈 투데이즈 스페셜

어느 것을 추천하시겠어요?
What do you recommend?
왓 두 유 리커멘드

금방 됩니까?
Can I have is right away?
캔 아이 햅 이즈 롸잇 어웨이

그걸로 하겠습니다.
O.K. I'll take it.
오우 케이. 아일 테익 잇

(메뉴를 가리키며) 이것과 이것을 주세요.
I'd like this and this.
아이드 라익 디스 앤 디스

외국 식당에서 영어로 식사를 주문하려면 특정 단어와 표현들을 알아야 하고 주문할 때도 예의를 갖추는 것이 중요해요. 대부분의 영어 원어민들은 주문하기 전에 반드시 먼저 인사를 하고 음식을 주문할 때도 I want ~.(~주세요)라고 하지 않고 Can I get ~(~를 주문할 수 있을까요?)라고 해요. 달라고 요구하는 게 아니라 줄 수 있느냐고 물어보는 거죠.

주문할게요.

We are ready to order.

위 아 레디 투 오더

주문하시겠습니까?

Are you ready to order?

아 유 레디 투 오더

이것으로 주세요.

I'll take this one.

이일 테익 디스 원

저도 같은 것으로 주세요.

I'll have the same.

아일 햅 더 세임

뭐가 빨리 되죠?

What can you serve quickly?

왓 캔 유 서브 퀵클리

다른 주문은 없으십니까?

Anything else?

애니씽 엘스

---

05 식당에서의 트러블

주문한 게 아직 안 나왔습니다.
My order hasn't come yet.
마이 오더 해즌트 컴 옛

주문을 취소하고 싶은데요.
I want to cancel my order.
아이 원 투 캔슬 마이 오더

주문을 바꿔도 되겠습니까?
Can I change my order?
캔 아이 체인쥐 마이 오더

이건 주문하지 않았는데요.
I don't think I ordered this.
아이 돈트 씽크 아이 오더드 디스

여행지에서 모처럼 현지 음식을 즐기려는데 뜻하지 않게 안 좋은 일이 일어나기도 해요. 음식이 잘못 된 경우도 있고 나보다 늦게 온 사람들 음식은 다 나오는데 내가 주문한 음식만 안 나올 때도 있죠. 그럴 때 필요한 영어 표현도 몇 가지는 알아두자고요. When is my food coming?(음식은 언제 오나요?) / This soup tastes funny.(수프 맛이 이상해요)

요리가 아직 안 나오는데요.

We're still waiting for our food.

위아 스틸 웨이팅 풔 아워 푸드

이건 주문을 안 했는데요.

I didn't order this.

아이 디든ㅌ 오더 디스

주문을 바꿔도 될까요?

Can I change my order?

캔 아이 체인쥐 마이 오더

주문을 취소하고 싶은데요.

I want to cancel my order.

아 원 투 캔슬 마이 오더

음식에 이상한 것이 들어 있어요.

There is something strange in my food.

데어리즈 썸씽 스트레인지 인 마이 푸드

이 음식이 상한 것 같은데요.

I'm afraid this food is stale.

아임 어프레이드 디스 푸드 이즈 스테일

06 식사를 하면서

소금 주세요.
May I have salt, please?
메이 아이 햅 솔트, 플리즈

다른 건 없나요?
Anything else?
애니씽 엘스

없습니다. 고마워요.
No, thank you.
노, 땡큐

어떻습니까?
Is everything fine?
이즈 애브리씽 파인

좋습니다. 고마워요.
Fine. Thank you.
파인, 땡큐

Manners make man.(매너가 사람을 만든다)는 말이 있죠. 식당에서 지켜야 할 매너는 첫째, Turn off your cell phone.(핸드폰은 꺼두세요) 둘째, Don't talk too loud.(시끄럽게 이야기하지 마세요) 셋째, Don't speak with your mouth full.(입에 음식을 넣은 채로 말하지 마세요) 넷째, Avoid grooming at the dining table.(식탁에서 몸단장하는 것은 피해주세요)

먹는 법을 알려 주시겠어요?

Could you tell me how to eat this?

쿠쥬 텔 미 하우 투 잇 디스

테이블 좀 치워 주실래요?

Could you please clear the table?

쿠쥬 플리즈 클리어 더 테이벌

물 좀 더 주시겠어요?

May I have more water?

메이 아이 햅 모어 워러

빵 좀 더 주세요.

I'd like some more bread, please.

아이드 라익 썸 모어 브레드, 플리즈

소금 좀 건네주세요.

Pass me the salt, please.

패쓰 미 더 솔트, 플리즈

이 음식을 싸 주시겠어요?

Would you wrap this for me?

우쥬 랩 디스 풔 미

맛이 어떻습니까?
How does it taste?
하우 더즈 잇 테이스트

아주 맛있눈데요.
It's very good.
잇츠 베리 굿

외국에 가서 다양한 현지 음식을 맛보고 그 맛을 구체적으로 표현할 수 있다면 얼마나 좋을까요! The apple pie is warm and crunchy.(사과 파이가 따뜻하고 바삭바삭해)라고 말하지 못해도 단어만으로도 충분해요. sweet(달콤한), salty(짠), sour(신, 떫은), bland(싱거운), greasy(느끼한), light(담백한), hot(매운), fishy(비린), tangy(톡 쏘는), crispy(바삭바삭한)

맛이 어때요?

How does it taste?

하우 더즈 잇 테이스트

정말 맛있어요!

It's very delicious!

잇츠 베리 딜리셔스

생각보다 맛있군요.

It's better than I expected.

잇츠 베러 댄 아이 익스펙티드

이건 제 입맛에 안 맞아요.

This food doesn't suit my taste.

디스 푸드 더즌ㅌ 숫 마이 테이스트

먹음직스러워 보이네요.

That sounds appetizing.

댓 사운즈 애피타이징

맛있는 냄새가 나는데요.

That smells delicious.

댓 스멜즈 딜리셔스

---

08 식당에서의 계산

매우 맛있었습니다.
It was very good.
잇 워즈 베리 굿

어디서 지불하나요?
Where shall I pay the bill?
웨어 쉘 아이 페이 더 빌

따로따로 지불하고 싶은데요.
Separate checks, please.
세퍼레잇 첵스, 플리즈

제가 모두 내겠습니다.
I'll take care of the bill.
아일 테익 케어 어브 더 빌

식사가 끝나면 손을 들어서 Excuse me!라고 웨이터나 웨이트리스를 불러 계산서(bill)를 가져다 달라고(Check(Bill), please.) 부탁해요. 계산서에 세금과 봉사료가 포함되어 있는 경우에는 팁을 따로 줄 필요 없지만, 포함되어 있지 않는 경우에는 계산서의 15~20% 정도의 팁을 따로 테이블에 놓아두어야 해요.

모르면 대략난감 **Best Expressions**

계산서 좀 갖다 주시겠어요?

May I have the check, please?

메이 아이 햅 더 첵, 플리즈

어디서 계산하나요?

Where shall I pay the bill?

웨어 쉘 아이 페이 더 빌

봉사료는 포함되어 있나요?

Is it including the service charge?

이즈 잇 인클루딩 더 서비스 차쥐

제가 낼게요.

I want to treat you.

아이 원투 트릿 유

각자 내기로 하죠.

Let's go Dutch.

렛츠 고 더취

이건 당신께 드리는 팁입니다.

This is a tip for you.

디스 이즈 어 팁 풔 유

153

_____을 주세요.
May I have _____, please?
메이 아이 햅   플리즈

▷ 마실 것

바번
a bourbon
어 버번

스카치
a Scotch
어 스카치

진피즈
a gin fizz
어 진 피즈

브랜디
a brandy
어 브랜디

위스키 사워
a whiskey sour
어 위스키 사우어

온더락
on the rocks
온 더 락스

김렛
a gimlet
어 김렛

북미에서 liquor는 보통의 주류(alcoholic beverages)를 가리키고, Alcohol은 맥주(beer), 와인(wine), 화주(스피릿, spirits)의 주성분이기도 하고, 병원에서 소독용으로 사용하는 알코올이기도 해서 술과 관련해서는 Alcohol이라는 단어를 잘 사용하지 않아요. 맥주(beer)는 brew, brewsky, a cold one이라고도 해요. Would you like a brew?(맥주 좋아하세요?)

모르면 대략난감 Best Expressions

커피 한 잔 어때요?

How about a cup of coffee?

하우 어바웃 어 컵 어브 커퓌

커피 한 잔 주세요.

A cup of coffee, please.

어 컵 어브 커퓌, 플리즈

술 한 잔 어때요?

How about a drink?

하우 어바웃 어 드링크

맥주 한 잔 드실래요?

Would you like a beer?

우쥬 라익 어 비어

건배!

Cheers!

치어즈

나는 그렇게 술을 많이 마시는 사람은 아니에요.

I'm not such a big drinker.

아임 낫 서치 어 빅 드링커

155

10 패스트푸드점에서

햄버거
hamburger
햄버거

핫도그
hot dog
핫 도그

피자
pizza
피자

프라이드 포테이토
French fries
프렌치 프라이즈

프라이드치킨
fried chicken
프라이드 치킨

도넛
doughnut
도우넛

아이스크림
ice cream
아이스 크림

비스킷
biscuit
비스킷

샐러드
salad
샐러드

샌드위치
sandwich
샌드위치

패스트푸드점이나 카페테리아는 레스토랑보다 훨씬 가볍게 이용할 수 있어서
시간에 쫓기는 사람들에게는 간단하게 배를 채울 수 있어서 딱 좋죠. 시간이 많
아도 그 자리에서 만들어 주는 샌드위치나 핫도그, 포테이토칩 등을 좋아해서
굳이 찾아가서 먹는 사람도 있지만요. 거기서 먹을 때는 I'll eat here.라고 하고,
포장해 달랄 때는 To go, please.라고 하면 됩니다.

모르면 대략난감 **Best Expressions**

햄버거 두 개 주세요.

Can I have two hamburgers?

캔 아이 햅 투 햄버거즈

프렌치 프라이 큰 거 하나 주세요.

One large french fries, please.

원 라쥐 프랜치 프라이즈, 플리즈

핫도그하고 콜라 작은 걸로 주세요.

A hot dog and a small coke, please.

어 핫 도그 앤 어 스몰 코욱, 플리즈

케첩을 발라드릴까요, 마요네즈를 발라드릴까요?

With ketchup or mayonnaise?

윗 케첩 오어 메이어네이즈

(요리를 가리키며) 이걸 샌드위치에 넣어 주세요.

Put this in the sandwich, please.

풋 디스 인 더 샌드위치, 플리즈

치즈피자 세 조각 주세요.

Three slices of cheese pizza, please.

쓰리 슬라이서즈 어브 치즈 피자, 플리즈

157

➤ 테이블 세팅

소금
salt
솔트

후추
pepper
페퍼

설탕
sugar
슈거

컵
glass
글래스

스푼
spoon
스푼

냅킨
napkin
냅킨

포크
fork
풔크

받침대
plate
플래트

나이프
knife
나이프

➤ 음료 Aperitif

콜라
coke
코크

오렌지주스
orange juice
어린쥐 쥬스

적포도주
red wine
레드 와인

백포도주
white wine
화이트 와인

▷ 전채 Appetizer

새우칵테일
shrimp cocktail
쉬림 칵테일

햄
ham
햄

멸치
anchovy
앤처비

혼제 연어
smoked salmon
스목트 새먼

▷ 수프 Soup

크림수프
cream soup
크림 숩

오늘의 수프
soup of the day
숩 어브 더 데이

양파수프
onion soup
어니언 숩

콘소메
consomme
칸서메이

▷ 빵 Bread

자른 빵
a slice of bread
어 슬라이스 어브 브레드

롤빵
a roll
어 롤

라이스
rice
라이스

소고기
beef
비프

바닷가재
lobster
랍스터

송아지 고기
veal
빌

닭고기
chicken
치킨

돼지고지
pork
포크

새끼양 고기
lamb
램

오리고기
duck
덕

작은 새우
shrimp
쉬림

연어
salmon
새먼

대합조개
clam
클램

혀가자미
sole
소울

게
crab
크랩

넙치
flounder
플라운더

굴
oyster
오이스터

야채
vegetables
베지터블스

▷ 요리법

삭은
boiled
보일드

튀긴
fried
프라이드

찐
steamed
스팀드

구운(빵 따위)
baked
베익트

직화구이한
barbecued
바비큐드

구운(오븐 등에서)
roast
로스트

살짝 튀긴
saute
소테이

푹 삶은
stewed
스튜드

끓인
simmered
시머드

채운
stuffed
스터프트

훈제한
smoked
스목트

얇게 자른
sliced
슬라이스드

차게 식힌
chilled
칠드

▷ 샐러드

야채샐러드
vegetable salad
베지터블 샐러드

주방장 샐러드
chef salad
쉐프 샐러드

버무린 샐러드
tossed salad
토스트 샐러드

해산물 샐러드
seafood salad
씨푸드 샐러드

프렌치 드레싱
French dressing
프렌치 드레싱

이탈리아 드레싱
Italian dressing
이탈리언 드레싱

블루치즈
blue cheese dressing
블루 치즈 드레싱

싸우전드 아일랜드 드레싱
thousand island dressing
싸우전드 아일랜드 드레싱

▷ 디저트

아이스크림
ice cream
아이스 크림

케이크
cake
케이크

젤리
jelly
젤리

셔벗
sherbet
셔벗

과일
fruit
푸르트

푸딩
pudding
푸딩

▷ 조미료

케첩
ketchup
케첩

머스터드
mustard
머스터드

후추
pepper
페퍼

간장
soy sauce
소이 소스

설탕
sugar
슈거

소금
salt
솔트

버터
butter
버터

마가린
margarine
마저린

마요네즈
mayonnaise
메이어네이즈

▷ 마실 것

커피
coffee
커퓌

오렌지주스
orange juice
어린쥐 쥬스

홍차
tea
티

크림
cream
크림

핫초콜릿
hot chocolate
핫 차클럿

우유
milk
밀크

콜라
coke
코우크

👍 고기종류와 어패류

고기	meats 밋츠	생선	fish 피쉬
갈비	rib 립	도미	bream 브림
등심	sirloin 써라이언	가다랑어	bonito 보니토
스테이크	steak 스테이크	상어	shark 샤크
살코기	lean meat 린 미트	오징어	squid 스퀴드
등심	sirloin 서리언	참치	tuna 투너
안심	tenderlion 텐더라이언	넙치	plaice 플레이스
마블링	marbling 마브링	정어리	sardine 사드린
티본스테이크	T-bone 티-본	감새우	prawn 프런
햄	ham 햄	조개	shellfish 쉘피쉬
베이컨	bacon 베이컨	전복	abalone 애벌론

👍 채소와 과일

샐러리	celery 샐러리	사과	apple 애플
양배추	cabbage 캐비쥐	체리	cherry 체리
양상추	ettuce 레티스	오렌지	orange 어린쥐
파슬리	parsley 파슬리	망고	mango 망고
양파	onion 어니언	바나나	banana 버내너
오이	cucumber 큐컴버	포도	grape 그레이프

Part 7

방문

01 전화를 걸 때

여보세요. 제인 있어요?
Hello, Is Jane there, please?
헬로우, 이즈 제인 데어, 플리즈

네, 전데요.
Yes, speaking.
예스, 스피킹

전화를 걸 때는 전화를 받는 상대가 누구냐에 따라 표현이 달라져요. 친구랑 직장 상사랑 거래처 사람이랑 똑같을 수는 없으니까요. 요즘은 모두 셀폰을 가지고 있으니까 굳이 바꿔달라든가, 자리에 있느냐 없느냐, 메시지를 남기느냐 마느냐 하는 표현을 배울 필요도 없어졌죠. 아주 간단하게 Is Jane in?하고 묻기도 해요. 전화 받는 거 너지? 하는 식의 표현이죠.

제인이니?

Is Jane in?

이즈 제인 인

제인 있어요?

Is Jane there, please?

이즈 제인 데어, 플리즈

제인 좀 바꿔주세요.

May I speak to Jane?

메이 아이 스픽 투 제인

톰인데요, 제인 좀 바꿔주세요.

This is Tom calling for Jane.

디스 이즈 탐 콜링 풔 제인

제인과 통화하고 싶습니다.

I'd like to speak to Jane, please.

아이드 라익 투 스픽 투 제인, 플리즈

말씀 좀 전해주시겠어요?

Could you take a message?

쿠쥬 테익 어 메시쥐

여보세요, 제인인데요, 톰 좀 바꿔주세요.
Hello, This is Jane calling for Tom.
헬로우, 디스 이즈 제인 콜링 풔 탐

미안하지만, 지금 없는데요.
I'm sorry, but he's not here at the moment.
아임 쏘리, 벗 히즈 낫 히어 앳 더 모먼트

외국어로 전화 통화를 할 때는 명료하고 간결하게 해야 합니다. 전화는 상대의 얼굴 표정이 보이지 않는 만큼 상대가 말하는 것을 정확히 알아듣는 것과 자기가 말하고자 하는 것을 명확하게 발음하는 것이 중요하니까요. 상대의 이름을 잘 알아듣지 못했으면 May I have your name again?(다시 한 번 성함을 말씀해 주시겠습니까?)이라고 분명하게 확인하세요.

잠깐만 기다리세요.

Just a moment, please.

저슷 어 모먼트, 플리즈

잠깐만요.

Hang on a sec.

행 온 어 섹

제인 바꿀게요.

I'll get Jane.

아일 겟 제인

그이에게 전화 드리라고 할까요?

Do you want him to call you back?

두 유 원 힘 투 콜 유 백

지금 다른 전화를 받고 계십니다.

He's on another line right now.

히즈 온 어나더 라인 롸잇 나우

지금 회의 중입니다.

He's in a meeting.

히즈 인 어 미팅

기본 / 출국 / 숙박 / 외출 / 관광 / 식사 / 방문 / 쇼핑 / 트러블

03 약속을 정할 때

오늘 만날 수 있을까요?
Can I see you, today?
캔 아이 씨 유, 투데이

오늘은 안 되겠는데, 내일은 어때요?
I can't make it today,
How about tomorrow?
아이 캔트 메이킷 투데이, 하우 어바웃 터마로우

약속을 정할 때 시간과 장소는 대개 상대방의 사정에 맞추는 것이 일반적입니다. 특히 날짜나 시간은 정확하게 메모해 두는 습관을 들이는 것이 좋아요. 약속에 관한 표현은 일상생활에서 가장 사용 빈도가 높은 표현에 속하므로 When would it be convenient for you?(언제가 좋을까요?) / Can you make it?(괜찮겠어요?) 등의 일정한 상용표현을 마스터해 두세요.

지금 뵈러 가도 될까요?

May I call on you now?

메이 아이 콜 온 유 나우

몇 시에 만날까요?

What time shall we meet?

왓 타임 쉘 위 밋

몇 시가 편해요?

What time is convenient for you?

왓 타임 이즈 컨비넌트 풔 유

몇 시가 가장 좋으세요?

What time is the best?

왓 타임 이즈 더 베스트

점심 약속 있으세요?

How are you fixed for lunch?

하우 아 유 픽스트 풔 런취

어디서 만날까요?

Where shall we meet?

웨어 쉘 위 밋

04 약속 제의에 응답할 때

제인, 일 끝나고 한 잔 할래요?
Jane, why don't we have a drink after work?
제인, 와이 돈ㅌ 위 햅 어 드링 애프터 웍

좋아요.
I'd love to.
아이드 러브 투

Do you want to go watch movie tonight?(저녁에 영화 보러 갈래?) 누가 이렇게 물어 봤을 때 좋으면 Sure!(그래), 선약이 있을 때는 I have plans with my friends tonight.(오늘 저녁에 친구들이랑 약속 있어)라고 해야죠. 친구들과 만나는 것 같은 가벼운 약속에는 I have plans ~ 패턴으로 표현하고, 절대로 appointment나 promise를 쓰지 않는다는 점! 잊지 마세요.

좋아요.

That'll be fine.

댓일 비 퐈인

언제라도 좋을 때 오세요.

Come at any time you like.

컴 앳 애니 타임 유 라익

언제라도 좋아요.

Any time.

애니 타임

미안하지만 선약이 있어요.

Unfortunately, I have an appointment.

언풔처너틀리, 아이 햅 언 어포인먼트

오늘은 안 되겠는데 내일은 어때요?

I can't make it today. How about tomorrow?

아이 캔트 메익 잇 투데이. 하우 어바웃 터마로우

날짜를 다시 정할 수 있을까요?

Could we reschedule the date?

쿳 위 리스케줄 더 데이트

오늘밤에 저와 저녁식사 하실래요?
How about having dinner with me tonight?
하우 어버웃 해빙 디너 윗 미 투나잇

좋아요. 어디서 만날까요?
I'd love to. Where shall we meet?
아이드 러브 투. 웨어 쉘 위 밋

초대는 더욱 가까이 지내고 싶다는 마음의 표시예요. 초대가 꼭 식사나 파티처럼 거창한 것에만 한정된 것은 아니니까요. 친한 사람에게는 Do you want to ~?, 그다지 친하지 않은 사람에게는 Would you like to ~?, 아직 어색한 사람에게는 I was wondering if you'd like to ~. 패턴을 쓰면 무난해요. I'd like to invite you ~.라고는 말하지 않는다는 점!

저희집에 오시겠어요?

Would you like to come to my place?

우쥬 라익 투 컴 투 마이 플레이스

저희집에 식사하러 오시겠어요?

Can you come over to my place for dinner?

캔 유 컴 오버 투 마이 플레이스 풔 디너

언제 한번 놀러 오세요.

Please come and see me sometime.

플리즈 컴 앤 씨 미 썸타임

언제 한번 들르세요.

Please drop by sometime.

플리즈 드랍 바이 썸타임

언제 식사나 한번 같이 합시다.

Let's have lunch sometime.

렛츠 햅 런취 썸타임

제 생일 파티에 와 주세요.

Please come to my birthday party.

플리즈 컴 투 마이 버스데이 파티

오늘밤에 파티할 건데 올래?
We're having a party tonight.
Can you come?
위아 해빙 어 파티 투나잇. 캔 유 컴

그럼. 꼭 갈게.
Sure. I'll be there.
슈어. 아일 비 데어

상대의 초대를 기꺼이 받아들일 때는 Yes, I'd like that.(네, 좋아요) / That sounds great! Thanks.(좋아. 고마워) / Yes, OK.(그래, 좋아) 등으로 간단하게 대답해요. 하지만 거절할 때는 미안하니까 말이 좀 길어지죠. Sorry, I can't. It's my dad's birthday.(미안해. 그날 아빠 생일이야) / Sorry, but I'll going to aerobics.(미안해. 에어로빅 가야 해)

좋아요.

Great!

그레잇

꼭 갈게요.

I'll be there.

아일 비 데어

기꺼이 가겠습니다.

I'll be glad to come.

아일 비 글랫 투 컴

좋아요.

That sounds good.

댓 사운즈 굿

초대해 주셔서 감사합니다.

That's very kind of you.

댓츠 베리 카인드 어브 유

미안하지만 갈 수 없습니다.

I'm sorry I can't.

아임 쏘리 아이 캔트

아니에요, 알렌과 에밀리가 벌써 와 있어요.
No, Alan and Emily are already here.
노, 알렌 앤 에밀리 아 올레디 히어

제가 너무 일찍 왔나요?
Am I too early?
앰 아이 투 어얼리

서양에서는 남의 집을 방문했을 때 집 주인이 들어오라고 말하기 전에는 안으로 들어가지 않아요. 문 앞에서 주인과 방문객이 얘기하는 장면, 영화에 많이 나오잖아요. 안에서 누구냐고 물으면 Hi. This is Andy.(안녕. 앤디야)라고 해요. 이때 I am ~이 아니라 This is ~를 쓴다는 것과 집주인이 들어오라고(Come on in) 할 때까지 기다려야 한다는 것을 꼭 기억하세요.

브라운 씨 댁입니까?

Is this Mr. Brown's residence?

이즈 디스 미스터 브라운즈 레지던스

브라운씨 계세요?

Is Mr. Brown in?

이즈 미스터 브라운 인

인사하려고 잠깐 들렀습니다.

I just dropped in to say hello.

아이 저슷 드랍트 인 투 세이 헬로우

나중에 다시 오겠습니다.

I'll come again later.

아일 컴 어게인 레이러

집이 깨끗하고 예쁘네요.

You have a bright and lovely home.

유 햅 어 브라잇 앤 러블리 홈

(선물을 건네며) 이거 받으세요.

Here's something for you.

히어즈 썸씽 풔 유

---

08 방문객을 맞이할 때

펀하게 계세요.
Please make yourself at home.
플리즈 메익 유어셀프 앳 홈

고마워요. 이미 펀안해요.
Thank you.
I feel at home already.
땡큐. 아이 필 앳 홈 올레디

집에 손님이 오면 무엇보다 반갑게 맞이하는 것이 가장 큰 친절이죠. 문 앞에서 수다를 떠느라 손님이 Can I come in?(들어가도 될까요?)라고 묻게 되기 전에 얼른 Welcome. Come on in.(반가워요. 들어오세요)라고 말해요. 초대한 손님이라면 I've been waiting for you.(기다리고 있었어요)라고 말하면서 This way, please.(이쪽으로 오세요)라고 거실로 안내합니다.

어서 오세요.

You're most welcome.

유어 모스트 웰컴

와 줘서 정말 고마워요.

Thank you so much for coming.

땡큐 쏘 머치 풔 커밍

안으로 들어오세요.

Come in, please.

컴 인, 플리즈

앉으세요.

Please sit down.

플리즈 씻 다운

편히 계세요.

Please make yourself at home.

플리즈 메익 유어셀프 앳 홈

우리 집을 구경시켜 드릴게요.

Let me show you around my house.

렛 미 쇼우 유 어라운드 마이 하우스

09 방문객을 대접할 때

디저트 좀 더 드실래요?
Would you like some more dessert?
우쥬 라익 썸 모어 디저트

고맙지만 배불러요.
No, thanks, I'm stuffed.
노, 땡스, 아임 스텁트

손님이 자기 집처럼 편안하게 느끼도록 할 수 있다면 최고의 대접이죠. Make yourself comfortable.(편히 계세요) / (It is) so glad you came!(와주셔서 정말 기뻐요!)라고 말하고 나면 우선 마실 것을 권하는 것이 예의예요. Would you like something to drink?(마실 것 좀 드릴까요?) 손님이 뭔가를 마시겠다고 대답하면 Coming right up!(당장 대령할게요!)라고 해요.

저녁식사 준비 됐어요.

Dinner is ready.

디너 이즈 레디

한국 음식 좋아하세요?

Do you like Korean food?

두 유 라익 코리언 푸드

많이 드세요.

Please help yourself.

플리즈 헬프 유어셀프

입맛에 맞으시면 좋겠어요.

I hope you like it.

아이 호웁 유 라익 잇

후식으로 이 초콜릿 푸딩을 드셔 보세요.

Try this chocolate pudding for dessert.

트라이 디스 차클럿 푸딩 풔 디저트

디저트 좀 더 드실래요?

Would you like some more dessert?

우쥬 라익 썸 모어 디저트

---

10 방문을 마칠 때

아니에요, 오히려 제가 즐거웠어요.
Oh, the pleasure was all mine.
오우, 더 플레저 워즈 올 마인

정말 즐거웠어요. 감사합니다.
I've had a great time. Thank you.
아이브 햇 어 그레잇 타임. 땡큐

식사 초대였다면 밥을 먹고 나서 I'm so full.(완전 배불러요) / I ate way too much!(너무 많이 먹었어요) 등으로 잘 먹었다는 표현을 하죠. 나도 그렇다고 말할 때는 So am I. 또는 Me too.라고 표현해요. 손님이 돌아갈 때 주인은 Have a safe drive and we will see you soon.(운전 조심하시고 곧 또 만나요)라고 인사하고 손님은 Thanks again! Bye!라고 인사해요.

이제 가봐야겠어요.

I think I should get going.

아이 씽크 아이 슈드 겟 고잉

이렇게 늦었는지 몰랐어요.

I didn't realize how late it was.

아이 디든ㅌ 리얼라이즈 하우 레이트 잇 워즈

정말 맛있는 식사였어요.

Thank you for the nice dinner.

땡큐 풔 더 나이스 디너

이야기 즐거웠어요.

I've enjoyed talking with you.

아이브 엔조이드 토킹 윗 유

정말 즐거웠어요.

I've really enjoyed myself.

아이브 리얼리 엔조이드 마이셀프

우리 집에 언제 한번 오세요.

Come over to my place sometime.

컴 오버 투 마이 플레이스 썸타임

기본 / 출국 / 숙박 / 외출 / 관광 / 식사 / 방문 / 쇼핑 / 트러블

ⓖ 미국의 공휴일

New year's Day	신년 – 1월 1일
Martin Luther King's Birthday	마틴 루터 킹 탄생일 – 1월 셋째 주 월요일
George Washington's birthday	조지 워싱턴 탄생일 – 2월 셋째 주 월요일
Memorial Day	전몰장병추도기념일 – 5월 마지막 주 월요일
Independence Day	독립기념일 – 7월 4일
Labor Day	근로자의 날 – 9월 첫째 주 월요일
Columbus Day	콜럼버스의 날 – 10월 둘째 주 월요일
Halloween Day	할로윈 데이 – 10월 31일
Veteran's Day	재향군인의 날 – 11월 11일
Thanksgiving Day	추수감사절 – 11월 네째 주 목요일
Christmas	크리스마스 – 12월 25일

Part 8

쇼핑

쇼핑센터는 어디에 있습니까?
Where's shopping mall?
웨어즈 샤핑 몰

이 도시의 쇼핑가는 어디에 있습니까?
Where is the shopping area in this town?
웨어리즈 더 샤핑 에어리어 인 디스 타운

쇼핑 가이드는 있나요?
Do you have a shopping guide?
두 유 햅 어 샤핑 가이드

쇼핑은 여행의 커다란 즐거움의 하나죠. 나라마다 특색 있는 상품을 파는 유명한 가게들이 있어요. 여행을 떠나기 전에 쇼핑 목록을 작성하고 싼 가게, 쇼핑센터 등을 인터넷 서핑 등으로 사전에 파악해서 쇼핑 계획을 짜둬야 빠짐없이 알뜰하게 빠른 시간 내에 살 수 있어요. 바겐 시즌은 나라마다 달라요. 미국은 1월, 3월, 11월이고, 영국은 6~7월, 12~1월이에요.

모르면 대략난감 **Best Expressions**

쇼핑가는 어디죠?

Where is the shopping area?

웨어리즈 더 샤핑 에어리어

가장 큰 쇼핑센터는 어디에 있어요?

Where is the biggest shopping center?

웨어리즈 더 빅기스트 샤핑 센터

여기서 가장 가까운 슈퍼마켓은 어디죠?

Where is the nearest supermarket from here?

웨어리즈 더 니어리슷 슈퍼마킷 프롬 히어

집사람에게 줄 선물을 찾고 있는데요.

I'm looking for a gift for my wife.

아임 룩킹 풔러 깁트 풔 마이 와이프

백화점은 어디에 있어요?

Where is the department store?

웨어리즈 더 디파트먼트 스토어

면세점은 어디 있어요?

Where is the duty free shop, please?

웨어리즈 더 듀티 프리 샵, 플리즈

기본
출국
숙박
외출
관광
식사
방문
쇼핑
트러블

189

02 쇼핑몰에서

계단
stairs
스테어즈

점원
salesperson
세일즈퍼슨

안내
information
인풔메이션

계산대
cashier
캐시어

진열장
showcase
쇼우케이스

에스컬레이터
escalator
에스컬레이터

엘리베이터
elevator
엘리베이터

어느 나라나 쇼핑몰은 대개 규모가 굉장히 크기 때문에 매장, 엘리베이터, 에스컬레이터, 화장실, 식당가, 이벤트 몰 등 쇼핑몰 내의 시설 위치를 찾는 질문을 많이 하게 되죠. 우리가 흔히 착각하는 것이 for sale과 on sale이에요. for sale은 '판매용'이라는 뜻이고, on sale이 바로 우리가 찾는 '세일 중'이에요. for sale 팻말 앞에서 왜 가격이 안 싼지 따지지 마세요.

모르면 대략난감 **Best Expressions**

매장 안내소는 어디에 있죠?

Where is the information booth?

웨어리즈 디 인풔메이션 부쓰

엘리베이터는 어디 있어요?

Where can I find the elevators?

웨어 캔 아이 파인드 디 엘리베이터스

쇼핑 카트 있는 데가 어디죠?

Where can I get a shopping cart?

웨어 캔 아이 게러 샤핑 카트

그건 몇 층에 있나요?

Which floor is it on?

위치 플로어 이즈 잇 온

화장품 코너는 어디에 있나요?

Where is the cosmetic counter?

웨어리즈 더 카즈메틱 카운터

이건 언제쯤 세일을 하죠?

When is it going to be on sale?

웬 이즈 잇 고잉 투 비 온 세일

기본

출국

숙박

외출

관광

식사

방문

쇼핑

트러블

191

03 물건을 찾을 때

무엇을 찾으십니까?
May I help you?
메이 아이 핼프 유

보고 있습니다. 고마워요.
Just looking. Thank you.
저슷 룩킹. 땡큐

＿＿＿＿＿＿＿을 보여 주세요.
I'd like to see ＿＿＿＿＿.
아이드 라익 투 씨

💬
물건을 찾을 때 가장 많이 쓰는 표현은 I would like ~.(~을 좀 사고 싶어요) / I'm looking for ~.(~을 찾고 있어요) / I need ~.(~이 필요해요) 패턴이에요. 찾고 있는 물건을 설명하기 어려울 때는 사진을 보여주면서 Do you have this?(이거 있어요?) / Do you know where I can get this?(이거 어디서 구할 수 있는지 아세요?)라고 물어도 되요.

도와드릴까요?

May I help you?

메이 아이 핼프 유

신발 매장은 어디 있어요?

Where can I find the shoes?

웨어 캔 아이 파인드 더 슈즈

화장품 매장은 몇 층이에요?

Which floor is the cosmetics?

위치 플로어 이즈 더 카즈메틱스

그냥 둘러보고 있습니다.

I'm just looking.

아임 저슷 룩킹

제가 찾는 물건이 아닙니다.

That's not what I wanted.

댓츠 낫 웟 아이 원티드

더 작은 것은 없어요?

Don't you have a smaller one?

돈츄 햅 어 스몰러 원

---

04 물건을 고를 때

다른 것을 보여 주세요.
I'd like to see some more.
아이드 라익 투 씨 썸 모어

다른 색은 없나요?
Do you have another <u>color</u>?
두 유 햅 어나더 컬러

사이즈
size
사이즈

디자인
style
스타일

나에게 맞는 사이즈를 보고 싶은데요.
I'd like to see something in my size.
아이드 라익 투 씨 썸씽 인 마이 사이즈

입어 봐도 될까요?
Can I try this on?
캔 아이 트라이 디스 온

가게에 들어가면 점원이 May I help you?(도와드릴까요?) / What are you looking for?(뭐 찾으세요?)라고 물어보죠. 그럴 때 I'm just looking.(그냥 보는 거예요)라고 대답하면 점원이 쫓아 다니지 않아요. 마음에 드는 상품은 점원에게 보여 달라고 부탁하고, I'm going to try it.(입어볼게요)라고 말한 다음, Fitting room(피팅룸)에 가서 옷을 입어볼 수 있어요.

입어 봐도 될까요?

Can I try it on?

캔 아이 트라이 잇 온

이건 좀 작네요.

This is a little tight.

디스 이즈 어 리틀 타잇

이 옷은 무슨 천이에요?

What material is this dress made of?

왓 머티어리얼 이즈 디스 드레스 메이드 어브

이거 세탁기 돌려도 되나요?

Is this machine-washable?

이즈 디스 머쉰-와셔벌

저 셔츠 좀 보여주시겠어요?

Will you show me that shirt?

윌 유 쇼우 미 댓 셔츠

이걸로 살게요.

I'll take it.

아일 테익 잇

05 물건값을 흥정할 때

좀 비싸군요.
It's a little expensive.
잇츠 어 리틀 익스펜시브

좀 더 싸게 안 될까요?
Can you make it a little cheaper?
캔 유 메이킷 어 리틀 치퍼

거스름돈이 틀립니다.
You gave me the wrong change?
유 게입 미 더 렁 체인쥐

가게에 따라 값이 다른 경우가 많으니까 몇 군데 다녀보는 게 좋아요. 특히 보석이나 시계 등의 귀중품 종류는 믿을 수 있는 곳에서 사야 하죠. 값을 흥정하는 표현은 거의 정해져 있어요. Excuse me. How much is this?(저기요, 이거 얼마예요?)라고 묻고 That's a bit too expensive.(너무 비싸요)라고 말한 다음, Can I get a discount?(깎아주세요)라고 하는 거죠.

모르면 대략난감 **Best Expressions**

너무 비싸요.

It's too expensive.

잇츠 투 익스펜시브

가격은 적당하네요.

The price is reasonable.

더 프라이스 이즈 리저너벌

더 싼 것은 없나요?

Anything cheaper?

애니씽 치퍼

할인해 줄 수 있어요?

Can you give me a discount?

캔 유 깁 미 어 디스카운트

깎아주면 살게요.

If you discount I'll buy.

이프 유 디스카운트 아일 바이

값은 깎지 마세요, 정찰제입니다.

We do not bargain. Our prices are fixed.

위 두 낫 바건. 아워 프라이시즈 아 픽스트

06 물건값을 계산할 때

얼마입니까?
How much is it?
하우 머치 이즈 잇

현금입니까, 신용카드입니까?
Cash or credit card?
캐쉬 오어 크레딧 카드

현금으로 지불하겠습니다.
I'll pay by cash.
아일 페이 바이 캐쉬

카드로 해주세요.
Credit card, please.
크레딧 카드, 플리즈

영수증을 주세요.
May I have a receipt, please?
메이 아이 햅 어 리싯, 플리즈

물건을 계산할 때 필수표현은 계산방식이에요. 점원이 현금으로 계산할 건지 카드로 계산할 건지(Cash or credit?) 물으면 I'll pay in cash.(현금으로 할게요) 또는 I'll pay with credit(카드로 할게요)라고 하면 되요. 그냥 Cash. / Credit card. 라고만 말해도 되요. 영수증을 달라고 해서(Receipt, please.) 그 자리에서 바로 계산 내역을 확인하세요.

얼마예요?

How much is it?

하우 머치 이즈 잇

전부 얼마예요?

How much are they in all?

하우 머치 아 데이 인 올

세금은 포함되어 있나요?

Does it include tax?

더즈 잇 인클루드 택스

이건 무료예요?

Is this free of charge?

이즈 디스 프리 어브 차쥐

계산서를 주세요.

May I have a receipt?

메이 아이 햅 어 리싯

계산이 틀린 것 같은데요.

I think these figures don't add up.

아이 씽크 디즈 퓌겨즈 돈ㅌ 애드 업

---

07 포장이나 배달을 원할 때

포장해주세요.
Can you wrap it, please?
캔 유 랩 잇, 플리즈

━━━━━━ 호텔까지 오늘 배달해주세요.
Can you deliver this to ━━━━━━ hotel today?
캔 유 딜리버 디스 투   호텔 투데이

여행지에서 쇼핑할 때 구입한 물건들을 들고 다니는 것은 너무나 불편한 일이죠. 포장이나 배달을 부탁할 때 쓸 수 있는 간단한 표현을 쇼핑하러 갈 때 미리 알아두면 유용할 거예요. Would you wrap it up?(포장해 주세요) / Can I have this delivered to my place?(배달이 가능한가요?) / Should I pay any extra charge for delivery?(배달요금이 따로 붙나요?)

이것 좀 포장해 주세요.

Could you wrap this?

쿠쥬 랩 디스

선물용으로 포장해 주세요.

Wrap it up for a gift.

랩 잇 업 풔러 깁트

선물용으로 포장하는 데 추가로 비용이 드나요?

Is there any extra charge for gift-wrapping?

이즈 데어 애니 엑스트러 차쥐 풔 깁트-래핑

이걸 따로따로 포장해 주세요.

Wrap them separately.

랩 댐 새퍼러틀리

배달해 줍니까?

Do you deliver?

두 유 딜리버

그걸 이 주소로 배달해 주세요.

Please deliver them to this address.

플리즈 딜리버 뎀 투 디스 어드레스

08 교환이나 환불을 원할 때

이것을 바꿔주세요.
Could you change this for another one?
쿠쥬 체인쥐 디스 풔 어나더 원

여기에 얼룩이 있습니다.
I found a stain here.
아이 파운드 어 스테인 히어

구입할 때 망가져 있었습니까?
Was it broken when you bought it?
워즈 잇 브로큰 웬 유 보우트 잇

샀을 때는 몰랐습니다.
I didn't notice it when I bought it.
아이 디든ㅌ 노티스 잇 웬 아이 보우트 잇

들뜬 기분으로 이것저것 샀다가 나중에 구입한 물건들을 정리하다보면 아, 이걸 왜 샀을까? 싶은 물건들을 발견하면 난감하죠. 환불 받을 때는 return 또는 refund, 교환할 때는 exchange를 사용해요. return은 물건을 돌려주면서 동시에 환불 받는 것을 의미하니까 refund를 따로 말하지 않아도 되요. 교환이나 환불을 받으려면 영수증이 꼭 있어야 한다는 점 잊지 마세요!

이걸 교환해 주시겠어요?

Can I exchange this?

캔 아이 익스체인지 디스

다른 것으로 바꿔 주시겠어요?

Would you exchange it for another?

우쥬 익스체인지 잇 풔 어나더

여기 영수증 있습니다.

Here's the receipt.

히어즈 더 리싯

전혀 작동하지 않습니다.

It doesn't work at all.

잇 더즌ㅌ 웍 앳 올

이걸 환불해 주시겠어요?

May I have a refund on this, please?

메이 아이 햅 어 리펀드 온 디스, 플리즈

이 표를 환불 받고 싶은데요.

I'd like to get a refund on this ticket.

아이드 라익 투 게러 리펀드 온 디스 티킷

이건 어디서 살 수 있습니까?
Where can I buy this?
웨어 캔 아이 바이 디스

▷ 스토어

쇼핑몰
shopping mall
샤핑 몰

슈퍼마켓
supermarket
슈퍼마켓

할인점
discount
shop
디스카운트 샵

주류점
liquor shop
리커 샵

가구점
furniture shop
퍼니춰 샵

보석점
jewelery store
쥬얼리 스토어

구둣가게
shoe shop
슈 샵

문방구점
stationery shop
스테이셔너리 샵

식료품점
grocery store
그로우서리 샵

서점
bookstore
북스토어

스포츠용품점
sporting goods
shop
스포팅 굿즈 샵

완구점
toy shop
토이 샵

나에게 너무 큰데요.
This is too _____ for me.
디스 이스 투　　　　퓌 미

길다
long
롱

짧다
short
쇼트

작다
small
스몰

수수하다
plain
플레인

화려하다
flashy
플래쉬

이걸 주세요.
I'll take it.
아일 테익 잇

▷ **사이즈 (size)**

XL **Extra Large** (특대)
엑스트러 라쥐

L **Large** (대)
라쥐

M **Medium** (중)
미디엄

S **Small** (소)
스몰

XS **Extra Small** (특소)
엑스트러 스몰

슈트
suit
슈트

콤비
blazer
브레이저

넥타이
tie
타이

벨트
belt
벨트

바지
pants
팬츠

커프링크
cufflinks
커플링스

넥타이핀
tiepin
타이핀

안경
glasses
글래시즈

(테가 있는) 모자
hat
햇

우산
umbrella
엄브렐러

접이식우산
folding umbrella
폴딩 엄브렐러

와이셔츠
shirt
셔츠

트렌치코트
trench coat
트렌치 코트

▷ 여성복

티셔츠
T-shirt
티 셔츠

스웨터
sweater
스웨터

블라우스
blouse
블라우스

원피스
dress
드레스

스커트
skirt
스커트

청바지
jeans
진즈

투피스
two-piece suit
투 피스 슈트

재킷
jacket
재킷

바지
pants
팬스

가죽코트
leather coat
래더 코트

모피코트
fur coat
퍼 코트

운동복
sweat shirt
스웻 셔츠

오버코트
overcoat
오버코트

후드
hooded sweat shirt
후디드 스웻 셔츠

구두
shoes
슈즈

모자
cap
캡

플랫슈즈
flat shoes
플랫 슈즈

하이힐
high heels
하이 힐스

핸드백
handbag
핸드백

운동화
sneakers
스니커즈

클러치백
clutch bag
클러치 백

양말
socks
삭스

스카프
scarf
스카프

스타킹
pantyhose
팬티호우즈

속옷
underwear
언더웨어

장갑
gloves
글로브즈

짝퉁
fake
페이크

▷ 문구

노트
notebook
노트북

볼펜
ball-point pen
볼 포인트 펜

편지지
letter paper
래터 페이퍼

만년필
fountain pen
파운틴 펜

봉투
envelope
엔벌로프

책
book
북

잡지
magazine
매거진

▷ 기타

골프클럽
golf clubs
골프 클러브즈

손목시계
watch
워치

지갑
wallet
월릿

키홀더
key holder
키 홀더

▷ 귀금속

다이아몬드
diamond
다이어먼드

에메랄드
emerald
에머럴드

금
gold
골드

진주
pearl
펄

반지
ring
링

팔찌
bracelet
브레이슬럿

목걸이
necklace
넥클러스

브로치
brooch
브로우치

귀걸이
earrings
이어링스

▷ 화장품

립스틱
lipstick
립스틱

향수
perfume
퍼퓸

마스카라
mascara
매스케러

아이펜슬
eyebrow pencil
아이브로우 펜슬

▷ 식품과 과일

잼
jam
잼

쿠키
cookies
쿠키즈

건과일
dried fruits
드라이드 프루츠

초콜릿
chocolate
차클럿

캔디
candy
캔디

치즈
cheese
치즈

햄
ham
햄

소시지
sausage
소시쥐

캔
can
캔

오렌지
orange
어린쥐

사과
apple
애플

바나나
banana
버내너

망고
mango
맹고우

파인애플
pineapple
파인애플

알아두면 금상첨화 Bonus Expressions

👉 여성(남성)복 사이즈

구분	한국	미국(US)	영국(UK)	유럽(EUR)
XS	44 (85)	2 (85-90/14)	4–6 (0)	34 (44-46)
S	55 (90)	4 (90-95/15)	8-10 (1)	36 (46)
M	66 (95)	6 (95-100/15.5-16)	10-12 (2)	38 (48)
L	77 (100)	8 (100-105/16.5)	16-18 (3)	40 (50)
XL	88 (105)	10 (105-110/17.5)	20-22 (4)	42 (52)
XXL	110	12 (110~)	- (5)	44 (54)

👉 여자 신발 사이즈

한국	미국(US)	영국(UK)	유럽(EUR)
220	5	2.5	35
225	5.5	3	36
230	6	3.5	36.5
235	6.5	4	37
240	7	4.5	37.5
245	7.5	5	38

👉 남자 신발 사이즈

한국	미국(US)	영국(UK)	유럽(EUR)
250	7	6	39
260	8	7	40.5
270	9	8	42
280	10	9	43
290	11	10	44.5

Part 9

트러블

01 말이 통하지 않을 때

영어를 할 줄 압니까?
Do you speak English?
두 유 스픽 잉글리쉬

영어는 할 줄 모릅니다.
I can't speak English.
아이 캔트 스픽 잉글리쉬

한국어를 하는 사람은 있습니까?
Does anyone speak Korean?
더즈 애니원 스픽 코리언

여행지에서 낯선 사람들에 둘러싸여 익숙하지 않은 언어로 말하다 보면 그 자리의 분위기나 상대에게 신경을 쓴 나머지 무슨 말인지 제대로 알아듣지도 못한 상태에서 고개를 끄덕이거나 알았다고 말해버리고 마는 경우가 흔해요. 하지만 관광객을 노리고 접근하는 사람들이 많으니 대답을 해야 하는 상황에서는 알아들을 때까지 다시 말해달라고 해야 해요.

미안하지만 다시 한번요?

Pardon?

파던

다시 한번 말씀해주시겠어요?

Would you repeat that?

우쥬 리핏 댓

좀 더 천천히 말씀해 주시겠어요?

Would you speak more slowly?

우쥬 스픽 모어 슬로울리

이 단어의 의미는 무엇입니까?

What does this word mean?

왓 더즈 디스 워드 민

여기 한국어를 하는 사람 있어요?

Does anyone here speak Korean?

더즈 애니원 히어 스픽 코리언

미안합니다만, 못 들었어요.

I'm sorry, but I couldn't hear you.

아임 쏘리, 벗 아이 쿠든트 히어 유

관심 없어요.
I'm not interested.
아임 낫 인터레스티드

약속이 있어서.
I have an appointment.
아이 햅 언 어포인트먼트

그만둬요.
Stop it!
스탑 잇

여행지에서 난처한 일이 발생했을 때 상황별로 연락할 수 있는 전화번호와 도움을 구할 때 쓸 수 있는 기본 표현들은 늘 준비되어 있어야 해요. 소소한 일이라도 낯선 곳에서는 훨씬 크고 급박하게 느껴질 수 있으니 혼자 해결하려고 애쓰지 말고 가까이 있는 사람에게 도움을 요청하세요. 이렇게 말이죠. Help me, please!(도와주세요!)

문제가 생겼어요.

I have a problem.

아이 햅 어 프라블럼

어렵군요.

That's difficult.

댓츠 디피컬트

어떡하면 좋을지 모르겠어요.

I'm at a loss.

아임 앳 어 로스

꼼짝 못하게 갇혔어요.

I'm stuck.

아임 스턱

최악이야.

It's terrible.

잇츠 테러벌

죽을 지경이에요.

I'm on the ropes.

아임 온 더 롭스

---

03 물건을 분실했을 때

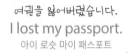

여권을 잃어버렸습니다.
I lost my passport.
아이 로슷 마이 패스포트

택시에 가방을 놓고 내렸습니다.
I left my bag in the taxi.
아이 레프트 마이 백 인 더 택시

여기에 가방이 없었나요?
Did you see a bag here?
디쥬 씨 어 백 히어

해외여행 중에 무언가를 잃어버리면 참 대책 없죠. 귀중품 특히 여권을 잃어버렸을 때는 먼저 호텔의 경비담당이나 경찰에 신고를 하고 도난증명서를 발급받아야 해요. 재발행이나 보험을 청구할 때 필요하거든요. Where is the lost and found?(분실물 신고계가 어디죠?) / Please call the Korean Embassy.(한국대사관에 전화 좀 걸어 주세요)

모르면 대략난감 **Best Expressions**

지갑을 잃어버렸어요.

I lost my wallet.

아이 로스트 마이 월럿

여권을 잃어버렸어요.

I have lost my passport.

아이 햅 로스트 마이 패스포트

그걸 어디서 잃어버렸는지 기억이 안 나요.

I don't remember where I left it.

아이 돈ㅌ 리멤버 웨어 아이 레프트 잇

택시에 가방을 두고 내렸어요.

I left my bag in a taxi.

아이 레프트 마이 백 인 어 택시

이 근처에서 가방 하나 보셨어요?

Did you see a bag around here?

디쥬 씨 어 백 어라운드 히어

분실물 센터는 어디입니까?

Where is the lost and found?

웨어리즈 더 로스트 앤 파운드

기본
출국
숙박
외출
관광
식사
방문
쇼핑
트러블

219

04 도난을 당했을 때

_____을 도둑맞았습니다.
My _____ was stolen.
마이   워즈 스톨른

신용카드
credit card
크레딧 카드

가방
bag
백

여권
passport
패스폿

지갑
wallet
월릿

카메라
camera
캐머러

돈
money
머니

시계
watch
워치

슈트케이스
suit case
슈트 케이스

여행자수표
traveler's check
트레벌즈 첵

위급합니다!
It's an emergency!
잇츠 언 이머전시

한국대사관으로 연락 주세요.
Please call the Korean embassy.
플리즈 콜 더 코리언 앰버시

물건을 도둑맞거나 강도를 당했을 때는 경찰에 신고해야죠. Call the police, please.(경찰을 불러주세요)라고 부탁하든지 직접 경찰서에 가서 I have to report a theft.(도난 신고를 하려고요)라고 말해요. I was robbed of my bag in front of the hotel.(호텔 앞에서 가방을 털렸어요) / It is white and big.(크고 하얀색이에요) 등으로 상황과 도난당한 물건을 설명해요.

지갑을 잃어버렸어요.

I lost my purse.

아이 로스트 마이 퍼스

도난신고를 하고 싶어요.

I'd like to report a theft.

아이드 라익 투 리포트 어 쎄프트

옷가방을 도난당했어요.

I had my suitcase stolen.

아이 햇 마이 슛케이스 스톨런

지갑을 소매치기 당한 것 같아요.

My wallet was taken by a pickpocket.

마이 월럿 워즈 테이큰 바이 어 픽파킷

소매치기야!

Pickpocket!

픽파킷

경찰을 불러 주세요.

Call the police!

콜 더 폴리스

---

05 교통사고가 났을 때

사고가 났어요.
An accident has happened.
언 액시던트 해즈 해펀드

_____, 호선입니다.
It's on route _____.
잇츠 온 룻

렌터카 회사로 연락해주세요.
Can you call the rent-a-car company?
캔 유 콜 더 렌터 카 컴퍼니

회사는 _____,
The company is _____.
더 컴퍼니 이즈

차번호는 _____입니다.
The number is _____.
더 넘버 이즈

교통사고는 traffic accident, car accident, car crash(자동차끼리 충돌한 경우)
라고 해요. 사고가 일어나면 먼저 경찰, 보험회사, 렌터카 회사에 연락합니다.
I'm sorry.는 그냥 미안하다는 정도가 아니라 자기의 잘못을 인정한다는 의미가
포함되어 있으므로 교통사고가 난 상황에서는 쓰지 않는 게 좋아요. 사고증명서
를 반드시 받아두어야 보험 청구를 할 수 있어요.

오늘 아침에 교통사고를 당했어요.

I had a traffic accident this morning.

아이 햇 어 트래픽 액시던트 디스 모닝

제 탓이 아니에요.

It wasn't my fault.

잇 워즌ㅌ 마이 폴트

그의 차가 내 차 옆면을 들이받았어요.

His car hit the side of my car.

히즈 카 힛 더 사이드 어브 마이 카

내 차가 조금 찌그러졌어요.

My car has some dents.

마이 카 해즈 썸 덴트스

보험 처리가 될까요?

Will the insurance cover it?

윌 디 인슈런스 커버 잇

구급차를 불러 주세요.

Please call an ambulance!

플리즈 콜 언 앰벌런스

---

06 위급한 상황일 때

911 긴급구조대입니다.
911 emergency services.
나인 원 원 이머전시 서비시즈

도와주세요, 구덩이에 빠졌어요!
Help me, I'm in the pit!
핼프 미, 아임 인 더 핏

외국에서 사고가 나거나 일행 중 누가 심각하게 아프거나 하는 비상사태가 발생하면 훨씬 당황하게 되요. 먼저 전문적인 도움을 줄 수 있는 곳으로 전화를 걸어야 해요. 긴급상황 연락처는 항목별로 미리 알아 두세요. 주위에 사람이 없어도 Help! Ambulance(Police)!라고 큰소리로 외치세요. 여권을 잃어버렸거나 범죄나 재해를 만났을 땐 즉시 대사관에 연락하세요.

모르면 대략난감 **Best Expressions**

무엇을 원하세요?

What do you want?

왓 두 유 원

그만 두세요!

Stop it!

스탑 잇

잠깐! 뭘 하는 겁니까?

Hey! What are you doing?

헤이! 워라 유 두잉

가까이 오지 마세요.!

Stay away from me!

스테이 어웨이 프럼 미

도와주세요!

Help me!

핼프 미

경찰 아저씨!

Police!

폴리스

---

07 병원에서 1

배가 아픈데, 약은 없나요?
I have a stomachache. Do you have any medicine?
아이 햅 어 스터먹에익. 두 유 햅 애니 메디슨

의사를 불러주세요.
Could you call a doctor, please?
쿠쥬 콜 어 닥터, 플리즈

병원으로 데려가주세요.
Could you take me to a hospital, please.
쿠쥬 테익 미 투 어 하스피털, 플리즈

구급차
an ambulance
언 앰뷸런스

병원에서 진찰을 받을 때는 의사가 물어보는 내용을 잘 이해하고 대답해야 해요. 병원에 가기 전에 What brings you here?(어떻게 오셨어요?) / What are your symptoms?(어디가 불편하세요?) / When did it start hurting.(언제부터 아팠어요?) / How dose it hurt?(어떻게 아프세요?) / Are you allergic to anything?(알레르기 있어요?) 등의 질문을 미리 알아두세요.

모르면 대략난감 **Best Expressions**

어디가 아파서 오셨습니까?

What brings you in?

왓 브링스 유 인

여기가 아픕니까?

Have you any pain here?

햅 유 애니 페인 히어

어디가 아프세요?

Where do you have pain?

웨어 두 유 햅 페인

이렇게 아픈 지 얼마나 됐습니까?

How long have you had this pain?

하우 롱 햅 유 햇 디스 페인

또 다른 증상이 있습니까?

Do you have any other symptoms with it?

두 유 햅 애니 아더 심텀즈 윗 잇

오늘은 좀 어떠세요?

How do you feel today?

하우 두 유 필 투데이

기본

출국

숙박

외출

관광

식사

방문

쇼핑

트러블

08 병원에서 2

조금
little
리틀

여기가 무척 아파요.
I have a lot pain here.
아이 햅 어 랏 페인 히어

여행을 계속해도 될까요?
Can I continue my travels?
캔 아이 컨티뉴 마이 트레벌즈

의사에게 증세를 설명하려면 미리 자신의 증세에 맞는 표현을 구체적으로 다양하게 준비해야 해요. I have a rash on my arm, and It's very itchy.(팔에 두드러기가 났는데 무척 간지러워요) a rash는 홍역이나 알레르기로 피부에 난 두드러기이고, 근질근질하고 가려운 것은 itchy예요. I have a stiff neck.(목이 뻐근해요) / I've lost my appetite.(식욕이 없어요)

228

모르면 대략난감 **Best Expressions**

어지러워요.

I feel dizzy.

아이 필 디지

구역질이 나요.

I feel nauseous.

아이 필 노셔스

식욕이 없어요.

I don't have any appetite.

아이 돈ㅌ 햅 애니 애퍼타이트

배탈이 났어요.

My stomach is upset.

마이 스터먹 이즈 업셋

눈이 피곤해요.

My eyes feel tired.

마이 아이즈 필 타이어드

콧물이 나요.

I have a runny nose.

아이 햅 어 러니 노우즈

기본

출국

숙박

외출

관광

식사

방문

쇼핑

트러블

두통
headache
헤드에익

복통
lower abdominal
로우어 앱다미널

속쓰림
stomachache
스터먹에익

설사
diarrhea
다이어리어

치통
toothache
투쓰에익

구토가 나다
feel nauseous
필 너쉬어스

한기가 들다
feel chilly
필 칠리

몸이 나른하다
general fatigue
제너럴 퍼티그

몸이 이상하다
feel sick
필 씩

목이 아프다
sore throat
소어 쓰로우트

열이 있다
have a fever
햅 어 피버

감기가 걸리다
caught cold
카웃 콜드

변비
constipation
칸스티페이션

삠, 접질림
sprain
스프레인

화상
burn
번

ache는 headache(두통), toothache(치통)처럼 특정 신체 부위가 지속적으로 아프지만 심각하진 않은 통증을 말하고, pain은 ache보다 더 아프고 갑작스러워서 그냥 넘어갈 수 없는 통증을 말해요. 날카롭고 심한 고통은 a sharp pain, 약해서 견딜만한 고통은 a dull pain이에요. I ache all over.(온몸이 다 아파요) / I have chest pain.(가슴에 통증이 있어요)

머리가 아파요.

I have a headache.

아이 햅 어 헤드에익

눈이 따끔거려요.

My eyes feel sandy.

마이 아이즈 필 샌디

이가 아파요.

I have a toothache.

아이 햅 어 투쓰에익

목이 아파요.

I have a sore throat.

아이 햅 어 소어 쓰로우트

무릎이 아파요.

I have a pain in my knee.

아이 햅 어 페인 인 마이 니

어깨가 뻐근해요.

My shoulders are stiff.

마이 쇼울더즈 아 스티프

10 약국에서

하루에 몇 번 먹어요?
How many times a day should I take this?
하우 메니 타임즈 어 데이 슛 아이 테익 디스

4시간마다 드세요.
You should take it every four hours.
유 슈드 테익 잇 애브리 풔 아워즈

약국은 pharmacy와 drugstore 두 종류가 있는데, 영국이나 미국의 약국은 보통 마트 안에 있어요. pharmacy는 약과 의약품을 조제하고 판매하는 곳, 즉 우리식 약국이에요. drugstore는 의약품뿐만 아니라 신문, 캔디, 비누 등의 여러 가지 상품을 함께 파는 약국이에요. 처방전이 필요 없는 종류의 약, 응급상자용 비상약품은 모두 이곳에서 구입할 수 있어요.

이 약은 처방전이 필요합니까?

Is this a prescription drug?

이즈 디즈 어 프리스크립션 드러그

이 처방전을 조제해 주시겠어요?

Would you make up this prescription, please?

우쥬 메익 업 디스 프리스크립션, 플리즈

붕대와 거즈 주세요.

I'd like some bandages and gauze.

아이드 라익 썸 밴디지즈 앤 거즈

감기약 주세요.

I'd like some medicine for the cold.

아이드 라익 썸 메디슨 풔 더 콜드

여기 진통제가 들어 있습니까?

Is there any pain-killer in this?

이즈 데어 애니 페인-킬러 인 디스

이 약을 먹으면 통증이 가라앉을까요?

Will this medicine relieve my pain?

윌 디스 메디슨 릴리브 마이 페인

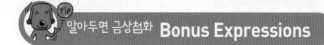
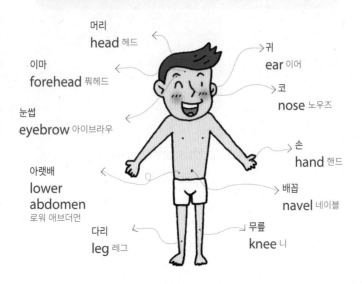

머리
head 헤드

이마
forehead 풔헤드

눈썹
eyebrow 아이브라우

아랫배
lower
abdomen
로워 애브더먼

다리
leg 레그

귀
ear 이어

코
nose 노우즈

손
hand 핸드

배꼽
navel 네이블

무릎
knee 니

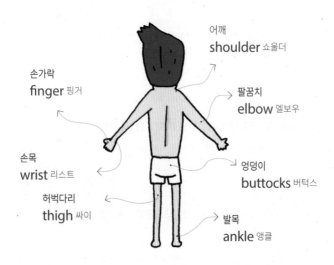

손가락
finger 핑거

손목
wrist 리스트

허벅다리
thigh 싸이

어깨
shoulder 쇼울더

팔꿈치
elbow 엘보우

엉덩이
buttocks 버턱스

발목
ankle 앵클

부록

회화를 위한 기본단어

■ 수 numbers

- [ ] **one** 1
- [ ] **two** 2
- [ ] **three** 3
- [ ] **four** 4
- [ ] **five** 5
- [ ] **six** 6
- [ ] **seven** 7
- [ ] **eight** 8
- [ ] **nine** 9
- [ ] **ten** 10
- [ ] **eleven** 11
- [ ] **twelve** 12
- [ ] **thirteen** 13
- [ ] **fourteen** 14
- [ ] **fifteen** 15
- [ ] **sixteen** 16
- [ ] **seventeen** 17
- [ ] **eighteen** 18
- [ ] **nineteen** 19
- [ ] **twenty** 20
- [ ] **thirty** 30
- [ ] **forty** 40
- [ ] **fifty** 50
- [ ] **sixty** 60
- [ ] **seventy** 70
- [ ] **eighty** 80
- [ ] **ninety** 90

- [ ] **one hundred** 100
- [ ] **one thousand** 1,000
- [ ] **ten thousand** 10,000
- [ ] **first** 첫째
- [ ] **second** 둘째
- [ ] **third** 셋째
- [ ] **fourth** 넷째
- [ ] **fifth** 다섯째
- [ ] **sixth** 여섯째
- [ ] **seventh** 일곱째
- [ ] **eighth** 여덟째
- [ ] **ninth** 아홉째
- [ ] **tenth** 열째

■ 주 week

- [ ] **Sunday** 일요일
- [ ] **Monday** 월요일
- [ ] **Tuesday** 화요일
- [ ] **Wednesday** 수요일
- [ ] **Thursday** 목요일
- [ ] **Friday** 금요일
- [ ] **Saturday** 토요일

■ 월 month

- [ ] **January** 1월
- [ ] **February** 2월
- [ ] **March** 3월
- [ ] **April** 4월

- [ ] **May** 5월
- [ ] **June** 6월
- [ ] **July** 7월
- [ ] **August** 8월
- [ ] **September** 9월
- [ ] **October** 10월
- [ ] **November** 11월
- [ ] **December** 12월

■ 형태 shape

- [ ] **line** 선
- [ ] **dot** 점
- [ ] **triangle** 삼각형
- [ ] **square** 정사각형
- [ ] **rectangle** 직사각형
- [ ] **diamond** 마름모
- [ ] **pentagon** 오각형
- [ ] **circle** 원
- [ ] **oval** 타원형
- [ ] **cube** 정육면체
- [ ] **sphere** 구, 공 모양
- [ ] **cone** 원뿔
- [ ] **cylinder** 원통형
- [ ] **pyramid** 피라미드
- [ ] **ring** 반지 모양
- [ ] **star** 별 모양
- [ ] **heart** 하트 모양

■ 신체 body

- [ ] **head** 머리
- [ ] **hair** 머리칼
- [ ] **forehead** 이마
- [ ] **face** 얼굴
- [ ] **eyebrow** 눈썹
- [ ] **eye** 눈
- [ ] **ear** 귀
- [ ] **nose** 코
- [ ] **cheek** 볼, 뺨
- [ ] **mouth** 입
- [ ] **tooth** 이
- [ ] **lip** 입술
- [ ] **tongue** 혀
- [ ] **chin** 턱
- [ ] **neck** 목
- [ ] **shoulder** 어깨
- [ ] **chest** 가슴
- [ ] **stomach** 배
- [ ] **back** 등허리
- [ ] **bottom** 엉덩이
- [ ] **arm** 팔
- [ ] **elbow** 팔꿈치
- [ ] **wrist** 손목
- [ ] **hand** 손
- [ ] **finger** 손가락
- [ ] **thumb** 엄지손가락
- [ ] **palm** 손바닥

- ☐ **fingernail** 손톱
- ☐ **leg** 다리
- ☐ **knee** 무릎
- ☐ **ankle** 발목
- ☐ **foot** 발
- ☐ **heel** 발뒤꿈치
- ☐ **toe** 발가락

■ 가족 family

- ☐ **grandfather** 할아버지
  = grandpa
- ☐ **grandmother** 할머니
  = grandma
- ☐ **father** 아버지 = daddy, dad
- ☐ **mother** 어머니
  = mommy, mom
- ☐ **uncle** 삼촌, 숙부, 고모부,
  이모부
- ☐ **aunt** 숙모, 고모, 이모
- ☐ **brother** 형, 오빠, 남동생
- ☐ **sister** 누나, 언니, 여동생
- ☐ **cousin** 사촌 형제
- ☐ **son** 아들
- ☐ **daughter** 딸
- ☐ **grandson** 손자
- ☐ **granddaughter** 손녀
- ☐ **grandchild** 손자, 손녀
- ☐ **baby** 아기

- ☐ **nephew** 남조카
- ☐ **niece** 여조카

■ 집 house

- ☐ **living room** 거실
- ☐ **bedroom** 침실
- ☐ **kitchen** 주방
- ☐ **dining room** 식당
- ☐ **bathroom** 화장실
- ☐ **attic** 다락방
- ☐ **yard** 마당
- ☐ **gate** 대문
- ☐ **fence** 담, 울타리
- ☐ **garden** 정원
- ☐ **upstairs** 위층
- ☐ **downstairs** 아래층
- ☐ **basement** 지하실
- ☐ **roof** 지붕
- ☐ **chimney** 굴뚝
- ☐ **ceiling** 천장
- ☐ **wall** 벽
- ☐ **floor** 마루, 바닥
- ☐ **door** 문
- ☐ **window** 창문
- ☐ **stairs** 계단
- ☐ **garage** 차고
- ☐ **car** 자동차
- ☐ **bicycle** 자전거

- [ ] **tricycle** 세발자전거
- [ ] **lawn mower** 잔디깎기

거실 living room

- [ ] **picture** 그림
- [ ] **curtain** 커튼
- [ ] **shade** 햇빛가리개
- [ ] **blind** 블라인드
- [ ] **vase** 꽃병
- [ ] **vacuum cleaner** 진공청소기
- [ ] **washer** 세탁기
  = washing machine
- [ ] **bookcase** 책장
- [ ] **switch** 전기스위치
- [ ] **shelf** 선반
- [ ] **TV** 텔레비전
- [ ] **VCR** 비디오
- [ ] **stereo system** 오디오
  = sound system
- [ ] **couch** 소파 = sofa
- [ ] **armchair** 안락의자
- [ ] **light** 전등
- [ ] **telephone** 전화
- [ ] **coffee table** 탁자
- [ ] **piano** 피아노
- [ ] **rug** 양탄자
- [ ] **lamp** 전등

- [ ] **fan** 선풍기
- [ ] **air conditioner** 에어컨
- [ ] **flashlight** 회중전등
  = torch
- [ ] **iron** 다리미
- [ ] **candle** 양초
- [ ] **match** 성냥
- [ ] **pig bank** 돼지저금통
- [ ] **newspaper** 신문
- [ ] **magazine** 잡지

침실 bedroom

- [ ] **closet** 벽장
- [ ] **wardrobe** 옷장
- [ ] **hanger** 옷걸이
- [ ] **bed** 침대
- [ ] **blanket** 담요
- [ ] **pillow** 베개
- [ ] **sheet** 시트
- [ ] **slipper** 슬리퍼
- [ ] **CD-player** CD플레이어
- [ ] **cassette player** 카세트 플레이어
- [ ] **computer** 컴퓨터
- [ ] **monitor** 모니터
- [ ] **keyboard** 자판
- [ ] **mouse** 마우스
- [ ] **printer** 프린터

- [ ] **alarm clock** 자명종시계
- [ ] **toy chest** 장난감상자
- [ ] **puppet** 꼭두각시인형
- [ ] **ball** 공
- [ ] **dice** 주사위
- [ ] **toy** 장난감
- [ ] **jump rope** 줄넘기
- [ ] **balloon** 풍선
- [ ] **teddy bear** 곰인형
- [ ] **doll** 인형
- [ ] **yo-yo** 요요
- [ ] **magnet** 자석
- [ ] **puzzle** 그림맞추기
  = jigsaw puzzle
- [ ] **whistle** 호루라기
- [ ] **top** 팽이
- [ ] **blocks** 블록
- [ ] **drum** 북
- [ ] **marble** 구슬

화장실 bathroom

- [ ] **sink** 세면대
- [ ] **bathtub** 욕조
- [ ] **shower** 샤워기
- [ ] **tap** 수도꼭지 = faucet
- [ ] **perfume** 향수
- [ ] **toilet** 변기
- [ ] **bath mat** 매트

- [ ] **mirror** 거울
- [ ] **shampoo** 샴푸
- [ ] **toilet paper** 화장지
- [ ] **body lotion** 바디로션
- [ ] **toothpaste** 치약
- [ ] **toothbrush** 칫솔
- [ ] **soap** 비누
- [ ] **towel** 수건
- [ ] **comb** 빗
- [ ] **rinse** 린스

주방 kitchen

- [ ] **table** 식탁
- [ ] **chair** 의자
- [ ] **refrigerator** 냉장고
- [ ] **freezer** 냉동고
- [ ] **kitchen sink** 싱크대
- [ ] **cupboard** 찬장
- [ ] **microwave oven** 전자레인지
- [ ] **range** 가스레인지 = stove
- [ ] **garbage can** 쓰레기 통 = waste bin
- [ ] **sponge** 스펀지
- [ ] **blender** 믹서
- [ ] **toaster** 토스터
- [ ] **kettle** 주전자
- [ ] **opener** 병따개

- □ spoon 숟가락
- □ fork 포크
- □ knife 칼
- □ frying pan 프라이팬
- □ pot 냄비
- □ glass 유리컵
- □ cup 컵
- □ saucer 잔받침
- □ mug 머그잔
- □ dish 접시 = plate
- □ dish towel 행주
- □ apron 앞치마
- □ bowl 그릇, 사발
- □ can 통조림 캔
- □ bottle 병
- □ butter 버터
- □ milk 우유
- □ flour 밀가루
- □ sugar 설탕
- □ salt 소금
- □ cheese 치즈
- □ egg 달걀
- □ cereal 시리얼
- □ juice 주스
- □ jam 잼
- □ bread 빵

색깔 color

- □ red 빨강
- □ orange 주황
- □ yellow 노랑
- □ green 초록
- □ blue 파랑
- □ purple 보라
- □ brown 갈색
- □ light blue 하늘색
- □ light green 연녹색
- □ black 검정색
- □ white 흰색
- □ gray 회색
- □ pink 분홍
- □ violet 제비꽃색
- □ tan 황갈색
- □ navy blue 감청색
- □ sky blue 하늘색

교실 classroom

- □ teacher 선생님
- □ student 학생
- □ board 칠판
- □ flag 깃발
- □ bulletin board 게시판
- □ globe 지구본
- □ map 지도

- [ ] calendar 달력
- [ ] wastepaper basket 휴지통
- [ ] desk 책상
- [ ] chair 의자
- [ ] pencil sharpener 연필깎이
- [ ] eraser 지우개
- [ ] rubber 고무지우개
- [ ] chalk 분필
- [ ] calculator 계산기
- [ ] ruler 자
- [ ] pen 펜
- [ ] pencil 연필
- [ ] pencil case 필통
- [ ] book 책
- [ ] textbook 교과서
- [ ] notebook 공책
- [ ] crayon 크레용
- [ ] glue 접착제
- [ ] paste 풀
- [ ] scissors 가위
- [ ] paper 종이
- [ ] easel 이젤
- [ ] paintbrush 그림붓
- [ ] paint 물감

■ 동물원 ZOO

- [ ] animal 동물
- [ ] fox 여우
- [ ] wolf 늑대
- [ ] deer 사슴
- [ ] camel 낙타
- [ ] ostrich 타조
- [ ] giraffe 기린
- [ ] elephant 코끼리
- [ ] zebra 얼룩말
- [ ] hippo 하마 = hippopotamus
- [ ] lion 사자
- [ ] tiger 호랑이
- [ ] bear 곰
- [ ] koala 코알라
- [ ] panda 판다
- [ ] gorilla 고릴라
- [ ] kangaroo 캥거루
- [ ] monkey 원숭이
- [ ] tortoise 육지거북
- [ ] snake 뱀
- [ ] crocodile 악어
- [ ] cheetah 치타
- [ ] leopard 표범
- [ ] rhino 코뿔소 = rhinoceros
- [ ] squirrel 다람쥐
- [ ] rabbit 토끼
- [ ] hamster 햄스터

- [ ] iguana 이구아나
- [ ] frog 개구리
- [ ] whale 고래
- [ ] dolphin 돌고래
- [ ] turtle 바다거북
- [ ] penguin 펭귄
- [ ] seal 물개
- [ ] crab 게
- [ ] shark 상어
- [ ] octopus 낙지
- [ ] squid 오징어
- [ ] lobster 바다가재
- [ ] shrimp 새우
- [ ] horse 말
- [ ] pig 돼지
- [ ] sheep 양
- [ ] lamb 새끼 양
- [ ] goat 염소
- [ ] shell 조개
- [ ] bird 새
- [ ] bat 박쥐
- [ ] crow 까마귀
- [ ] parrot 앵무새
- [ ] swan 백조
- [ ] sea gull 갈매기
- [ ] swallow 제비
- [ ] peacock 공작
- [ ] pigeon 비둘기 = dove

- [ ] duck 오리
- [ ] hen 암탉
- [ ] cock 수탉 = rooster
- [ ] chicken 병아리
- [ ] dog 개
- [ ] butterfly 나비
- [ ] ant 개미
- [ ] spider 거미
- [ ] dragonfly 잠자리
- [ ] caterpillar 쐐기 애벌레
- [ ] bee 벌
- [ ] ladybird 무당벌레 = ladybug
- [ ] worm 벌레
- [ ] cow 소
- [ ] calf 송아지
- [ ] puppy 강아지
- [ ] cat 고양이
- [ ] kitten 새끼 고양이
- [ ] mouse 생쥐
- [ ] rat 쥐

■ 공원 park

- [ ] flower 꽃
- [ ] tree 나무
- [ ] grass 잔디
- [ ] bench 벤치
- [ ] fountain 분수
- [ ] rest rooms 화장실

- drinking fountain
  분수식 수도
- playground 운동장
- seesaw 시소
- swing 그네
- merry-go-round 회전목마
- slide 미끄럼틀
- sand box 모래터
- hopscotch 돌차기 놀이
- hide and seek 술래잡기
- jump rope 줄넘기
- tricycle 세발자전거
- bicycle 자전거
- volleyball 배구공
- basketball 농구공
- helmet 헬멧
- football 축구공
- baseball bat 야구방망이
- baseball 야구공
- mitt 포수용 야구장갑
- glove 야구장갑
- kite 연
- model airplane
  모형비행기
- skateboard 스케이트보드
- roller skate 롤러스케이트
- roller blade 롤러블레이드

■ 계절 season / 날씨 weather

- season 계절
- spring 봄
- summer 여름
- fall 가을 = autumn
- winter 겨울
- hot 더운
- warm 따뜻한
- cool 선선한
- chilly 으스스한
- cold 추운
- freezing 어는, 몹시 추운
- weather 날씨, 기후
- sunny 화창한, 맑게 갠
- clear 맑은
- cloudy 흐린, 구름 낀
- wet 축축한, 비 내리는
- drizzly 가랑비 내리는
- rainy 비가 오는
- windy 바람 부는
- stormy 폭풍우가 부는
- snowy 눈이 내리는
- sleety 진눈깨비가 오는
- foggy 안개가 자욱한
- shower 소나기
- lightning 번개
- thunder 천둥, 천둥치다
- rain 비, 비가 오다

- [ ] drizzle 이슬비, 이슬비가 내리다
- [ ] snow 눈, 눈이 오다
- [ ] sleet 진눈깨비, 진눈깨비가 오다
- [ ] cloud 구름

■ 도시 city

- [ ] highway 간선도로
- [ ] freeway 고속도로
- [ ] tunnel 터널
- [ ] bridge 다리
- [ ] airport 공항
- [ ] harbor 항구
- [ ] train station 기차역
- [ ] subway station 지하철역
- [ ] bus terminal 버스터미널
- [ ] bus stop 버스정류장
- [ ] taxi stand 택시승차장
- [ ] overhead bridge 육교
- [ ] underpass 지하도
- [ ] intersection 교차로
- [ ] parking lot 주차장
- [ ] sidewalk 인도, 보도
- [ ] street 차도, 거리
- [ ] crosswalk 횡단보도
- [ ] steps 계단
- [ ] road sign 거리표지판

- [ ] trash can 쓰레기통
- [ ] corner 길모퉁이
- [ ] street light 가로등
- [ ] mailbox 우체통
- [ ] traffic light 신호등
- [ ] telephone booth 공중전화부스
- [ ] library 도서관
- [ ] school 학교
- [ ] bank 은행
- [ ] park 공원
- [ ] fire station 소방서
- [ ] office building 사무실 빌딩
- [ ] post office 우체국
- [ ] police station 경찰서
- [ ] hospital 병원
- [ ] hotel 호텔
- [ ] movie theater 영화관
- [ ] museum 박물관
- [ ] gas station 주유소 = service station
- [ ] department store 백화점
- [ ] supermarket 슈퍼마켓
- [ ] convenience store 편의점
- [ ] discount store 할인점
- [ ] newsstand 신문가판대
- [ ] street vendor 노점상
- [ ] bakery 제과점

- ☐ **barber shop** 이발소
- ☐ **child-care center** 육아원
- ☐ **cleaners** 세탁소
  = dry cleaners
- ☐ **coffee shop** 다방
- ☐ **drug store** 잡화점
- ☐ **pharmacy** 약국
- ☐ **florist shop** 꽃가게
  = flower shop
- ☐ **grocery store** 식료품점
- ☐ **hair salon** 미용실
- ☐ **hardware store** 철물점
- ☐ **ice cream shop** 아이스크림 가게
- ☐ **book store** 책방
- ☐ **fast food restaurant** 간이식품점
- ☐ **music store** 음반판매점
- ☐ **pet shop** 애완동물 가게
- ☐ **restaurant** 음식점
- ☐ **shoe store** 제화점
- ☐ **toy store** 장난감 가게
- ☐ **video store** 비디오 가게
- ☐ **eyeglass store** 안경점
  = vision center

■ 교통수단 **transportation**

- ☐ **bus** 버스
- ☐ **truck** 트럭
- ☐ **taxi** 택시
- ☐ **train** 기차, 열차
- ☐ **subway** 지하철
- ☐ **limousine** 리무진
- ☐ **helicopter** 헬리콥터
- ☐ **airplane** 비행기
- ☐ **van** 승합차
- ☐ **car** 승용차
- ☐ **boat** 보트
- ☐ **shuttle bus** 셔틀버스
- ☐ **ship** 배, 선박
- ☐ **motorcycle** 오토바이
- ☐ **fire engine** 소방차
- ☐ **ambulance** 구급차
- ☐ **police car** 경찰차
- ☐ **submarine** 잠수함

■ 과일 **fruits** / 야채 **vegetables**

- ☐ **fruit** 과일
- ☐ **vegetable** 채소
- ☐ **cherry** 체리
- ☐ **tomato** 토마토
- ☐ **strawberry** 딸기
- ☐ **watermelon** 수박
- ☐ **pineapple** 파인애플
- ☐ **apple** 사과
- ☐ **pear** 배

- orange 오렌지
- peach 복숭아
- lemon 레몬
- banana 바나나
- potato 감자
- celery 샐러리
- bean 콩
- pumpkin 호박
- mushroom 버섯
- eggplant 가지
- cabbage 양배추
- grape 포도
- carrot 당근
- lettuce 상추
- corn 옥수수
- green pepper 피망
- onion 양파
- cucumber 오이
- spinach 시금치
- broccoli 브로콜리
- garlic 마늘
- chili 칠리고추

옷 clothes

- clothes 옷, 의류
- coat 외투
- suit 옷 한 벌
- dress 의복, 드레스

- jacket 재킷
- sweater 스웨터
- vest 조끼
- blouse 블라우스
- T-shirt T셔츠
- shirt 셔츠
- jeans 청바지 = blue jeans
- pants 바지
- shorts 반바지
- skirt 치마
- swimsuit 수영복
- underwear 속옷
- sweatshirt 운동복
- raincoat 비옷

장신구 personal ornaments

- boots 부츠
- sneakers 운동화
- shoes 신발
- stockings 스타킹
- socks 양말
- tie 넥타이
- handkerchief 손수건
- belt 벨트
- wallet 지갑
- change purse 동전지갑
- purse 손가방 = handbag
- shoulder bag 배낭

247

- ☐ **book bag** 책가방
- ☐ **backpack** 등에 매는 가방
- ☐ **umbrella** 우산
- ☐ **watch** 손목시계 = wrist watch
- ☐ **ring** 반지
- ☐ **earings** 귀걸이
- ☐ **necklace** 목걸이
- ☐ **sunglasses** 선글라스
- ☐ **key chain** 열쇠고리
  = key ring

■ 직업 occupation

- ☐ **farmer** 농부
- ☐ **fisherman** 어부
- ☐ **teacher** 교사
- ☐ **doctor** 의사
- ☐ **nurse** 간호사
- ☐ **dentist** 치과의사
- ☐ **factory-worker** 공장 근로자
- ☐ **office-worker** 사무직 근로자
- ☐ **reporter** 기자
- ☐ **lawyer** 변호사
- ☐ **pilot** 비행기 조종사
- ☐ **stewardess** 스튜어디스
- ☐ **postman** 우편배달부
- ☐ **police officer** 경찰관

- ☐ **fire fighter** 소방수
- ☐ **soldier** 군인
- ☐ **scientist** 과학자
- ☐ **bank teller** 은행원
- ☐ **actor** 배우
- ☐ **actress** 여배우
- ☐ **artist** 미술가
- ☐ **secretary** 비서
- ☐ **salesperson** 판매원
- ☐ **taxi driver** 택시기사
- ☐ **bus driver** 버스운전기사
- ☐ **barber** 이발사
- ☐ **butcher** 정육점 주인
- ☐ **cook** 요리사
- ☐ **hairdresser** 미용사
- ☐ **housekeeper** 파출부
- ☐ **waiter** 웨이터, 급사
- ☐ **waitress** 웨이트리스, 여급사
- ☐ **janitor** 수위

■ 음식 food

- ☐ **hot dog** 핫도그
- ☐ **sandwich** 샌드위치
- ☐ **hamburger** 햄버거
- ☐ **french fries** 감자튀김
- ☐ **pizza** 피자
- ☐ **chicken** 닭고기
- ☐ **spaghetti** 스파게티

- ☐ meatball 미트볼
- ☐ steak 스테이크
- ☐ fish 생선
- ☐ rice 쌀밥
- ☐ potatoes 감자
- ☐ egg 달걀
- ☐ salad 샐러드
- ☐ cake 케이크
- ☐ soup 수프
- ☐ ketchup 케첩
- ☐ mustard 겨자
- ☐ salt 소금
- ☐ pepper 후추
- ☐ drink 음료
- ☐ soda 탄산음료
- ☐ bread 빵
- ☐ coke 콜라
- ☐ tea 홍차
- ☐ coffee 커피
- ☐ juice 주스
- ☐ water 물
- ☐ milk 우유
- ☐ jelly 젤리
- ☐ ice cream 아이스크림
- ☐ candy 사탕
- ☐ chocolate 초콜릿
- ☐ peanut 땅콩

■ 천체 heavenlybody / 자연 nature

- ☐ universe 우주
- ☐ sun 태양
- ☐ moon 달
- ☐ star 별
- ☐ Mercury 수성
- ☐ Venus 금성
- ☐ Earth 지구
- ☐ Mars 화성
- ☐ Jupiter 목성
- ☐ Saturn 토성
- ☐ satellite 인공위성
- ☐ astronaut 우주비행사
- ☐ rocket 로켓
- ☐ space shuttle 우주왕복선
- ☐ U.F.O. 미확인 비행물체
- ☐ nature 자연
- ☐ sky 하늘
- ☐ land 육지
- ☐ sea 바다
- ☐ field 들판
- ☐ hill 언덕
- ☐ mountain 산
- ☐ forest 숲
- ☐ valley 계곡
- ☐ cliff 절벽
- ☐ island 섬
- ☐ beach 해안

- river 강
- stream 시내, 개울
- lake 호수
- pond 연못
- waterfall 폭포
- rock 바위
- animal 동물
- plant 식물
- fish 물고기
- bird 새
- tree 나무
- leaf 나뭇잎
- flower 꽃
- cloud 구름
- rain 비
- snow 눈
- wind 바람
- wave 파도
- air 공기
- water 물
- ice 얼음

학과목 subject

- art 미술
- mathematics 수학
- English 영어
- French 불어
- Spanish 스페인어

- chemistry 화학
- biology 생물
- geography 지리
- history 역사
- music 음악
- law 법
- physical education 체육
- science 과학
- Korean 국어
- physics 물리
- economics 경제

스포츠 sports

- baseball 야구
- softball 소프트볼
- basketball 농구
- American football 미식축구
- volleyball 배구
- handball 핸드볼
- soccer 축구
- skiing 스키
- skating 스케이팅
- swimming 수영
- jogging 조깅
- cycling 사이클링
- bowling 볼링
- golf 골프

- ☐ tennis 테니스
- ☐ squash 스쿼시
- ☐ hockey 하키
- ☐ table tennis 탁구
  = ping pong
- ☐ badminton 배드민턴
- ☐ boxing 권투
- ☐ wrestling 레슬링

■ 병의 증상 sickness

- ☐ headache 두통
- ☐ earache 귀아픔
- ☐ toothache 치통
- ☐ stomachache 배탈
- ☐ backache 요통
- ☐ cold 감기 = flu
- ☐ fever 열, 미열
- ☐ cough 기침
- ☐ runny nose 콧물
- ☐ bloody nose 코피
- ☐ sick 멀미, 메스꺼움
- ☐ itchy 가려움
- ☐ sneeze 재채기
- ☐ cut 벤 상처
- ☐ scratch 긁힌 상처
- ☐ burn 화상
- ☐ dizzy 어지러운
- ☐ pain 아픔, 통증

■ 기본 형용사 Basic Adjective

- ☐ tall 키 큰
- ☐ short 키 작은, 짧은
- ☐ thin 여윈, 마른
- ☐ fat 살찐, 뚱뚱한
- ☐ long 긴
- ☐ heavy 무거운
- ☐ light 가벼운
- ☐ thick 두꺼운
- ☐ thin 얇은
- ☐ strong 강한, 튼튼한
- ☐ weak 약한
- ☐ large 큰 = big
- ☐ small 크기나 체구가 작은
- ☐ little 작은, 어린
- ☐ high 높은
- ☐ low 낮은
- ☐ loose 헐렁한
- ☐ tight 꼭 끼는
- ☐ fast 빠른
- ☐ slow 느린
- ☐ wide 넓은
- ☐ narrow 좁은
- ☐ dark 어두운
- ☐ light 밝은
- ☐ new 새것의
- ☐ old 오래된, 나이든
- ☐ young 젊은, 어린

- ☐ good 좋은
- ☐ bad 나쁜
- ☐ hot 뜨거운, 더운
- ☐ cold 차가운, 추운
- ☐ soft 연한, 부드러운
- ☐ hard 딱딱
- ☐ easy 쉬운
- ☐ difficult 어려운 = hard
- ☐ clean 깨끗한
- ☐ dirty 더러운
- ☐ noisy 시끄러운
- ☐ quiet 조용한
- ☐ rich 부유한
- ☐ poor 가난한
- ☐ beautiful 아름다운
- ☐ pretty 예쁜
- ☐ handsome 잘 생긴
- ☐ ugly 추한
- ☐ full 가득 찬
- ☐ empty 빈
- ☐ open 열린
- ☐ closed 닫힌
- ☐ expensive 값비싼
- ☐ cheap 싼
- ☐ dry 마른
- ☐ wet 젖은
- ☐ happy 행복한
- ☐ sad 슬픈

- ☐ left 왼쪽의
- ☐ right 오른쪽의
- ☐ awake 깨어있는
- ☐ asleep 잠자는
- ☐ right 올바른, 맞는
- ☐ wrong 틀린
- ☐ hungry 배고픈
- ☐ full 배부른
- ☐ thirsty 목마른
- ☐ healthy 건강한
- ☐ ill 아픈, 병든
- ☐ sick 아픈, 병든, 매스꺼운, 멀미가 나는
- ☐ exciting 흥미진진한
- ☐ interesting 재미있는, 흥미있는
- ☐ bored 지루한
- ☐ sleepy 졸린
- ☐ tired 피곤한, 지친
- ☐ angry 화난 = mad
- ☐ surprised 놀란
- ☐ worried 걱정하는
- ☐ scared 무서운, 두려운 = afraid

■ 기본 동사 Basic Verb

- ☐ study 공부하다
- ☐ read 읽다

- ☐ write 쓰다
- ☐ sing 노래하다
- ☐ practice 연습하다
- ☐ draw 그리다
- ☐ paint 색칠하다
- ☐ fold 접다
- ☐ paste 풀칠하다
- ☐ bend 구부리다
- ☐ listen 귀 기울여 듣다
- ☐ hear 듣다, 들리다
- ☐ look 보다
- ☐ see 보다, 보이다
- ☐ watch 살펴보다
- ☐ smell 냄새 맡다
- ☐ feel 느끼다
- ☐ talk 말하다
- ☐ cut 자르다
- ☐ say 말하다
- ☐ speak 말하다
- ☐ repeat 따라하다
- ☐ shout 소리치다
- ☐ cry 울다
- ☐ laugh 웃다
- ☐ smile 미소 짓다
- ☐ eat 먹다
- ☐ drink 마시다
- ☐ taste 맛보다
- ☐ bite 물다, 물어뜯다

- ☐ kiss 입 맞추다
- ☐ whistle 휘파람불다
- ☐ yawn 하품하다
- ☐ blow 불다
- ☐ walk 걷다
- ☐ run 뛰다
- ☐ jump 펄쩍 뛰다
- ☐ hop 한발로 깡충 뛰다
- ☐ kick 차다
- ☐ kneel 무릎 꿇다
- ☐ skip 건너뛰다
- ☐ pull 당기다
- ☐ push 밀다
- ☐ put 놓다
- ☐ lift 들어올리다
- ☐ throw 던지다
- ☐ catch 잡다
- ☐ hold 잡고 있다
- ☐ clap 박수치다
- ☐ wave 손 등을 흔들다
- ☐ carry 운반하다
- ☐ pick up 집어들다
- ☐ point 가리키다
- ☐ wipe 닦아내다
- ☐ wash 씻다
- ☐ spill 엎지르다
- ☐ pour 붓다
- ☐ dig 구멍을 파다

- [ ] **water** 물을 주다
- [ ] **feed** 먹이다
- [ ] **drive** 운전하다
- [ ] **cook** 요리하다
- [ ] **go** 가다
- [ ] **come** 오다
- [ ] **put on** 입다, 착용하다
- [ ] **take off** 벗다
- [ ] **turn on** 켜다
- [ ] **turn off** 끄다
- [ ] **crawl** 기다
- [ ] **climb** 기어오르다
- [ ] **chase** 쫓아가다
- [ ] **fall** 넘어지다
- [ ] **roll** 구르다
- [ ] **sit** 앉다
- [ ] **stand** 일어서다
- [ ] **swim** 수영하다
- [ ] **dance** 춤추다
- [ ] **sleep** 잠자다
- [ ] **bow** 머리 숙여 인사하다
- [ ] **play** 놀다, 연주하다
- [ ] **break** 깨뜨리다
- [ ] **wait** 기다리다
- [ ] **fight** 싸우다
- [ ] **quarrel** 다투다

■ 위치의 전치사 / 부사

- [ ] **up** 위로
- [ ] **down** 아래로
- [ ] **in front of** ~의 앞에
- [ ] **behind** ~의 뒤에
- [ ] **on** ~ 위에
- [ ] **over** (떨어진 상태로) ~위에
- [ ] **under** (떨어진 상태로) ~아래에
- [ ] **above** (over보다 더 떨어진) ~위에
- [ ] **below** (under보다 더 떨어진) ~아래에
- [ ] **in** ~안에
- [ ] **out** ~밖에
- [ ] **into** ~안으로
- [ ] **out of** ~에서 밖으로
- [ ] **from** ~에서부터
- [ ] **to** ~까지
- [ ] **between** (둘) ~사이에
- [ ] **among** (셋 이상의) ~사이에
- [ ] **across** ~을 가로질러
- [ ] **through** ~을 관통하여
- [ ] **round** ~을 돌아, ~주위에
- [ ] **next to** ~바로 옆에
- [ ] **by** ~의 곁에
- [ ] **beside** ~곁에
- [ ] **near** ~가까이에